[英国] 帕特里克·加迪纳　刘玉红 译

克尔凯郭尔

牛津通识读本·

Kierkegaard

A Very Short Introduction

译林出版社

图书在版编目（CIP）数据

克尔凯郭尔／（英）加迪纳（Gardiner, P.）著；刘玉红译.
—南京：译林出版社，2013.6（2025.7重印）
（牛津通识读本）
书名原文：Kierkegaard: A Very Short Introduction
ISBN 978-7-5447-3273-4

Ⅰ.①克…　Ⅱ.①加…②刘…　Ⅲ.①克尔凯郭尔，S.（1813～1855）－哲学思想－研究　Ⅳ.B534

中国版本图书馆 CIP 数据核字（2012）第 219847 号

著作权合同登记号　图字：10-2024-372 号

克尔凯郭尔［英国］帕特里克·加迪纳／著　刘玉红／译

责任编辑　何本国　陈　锐
责任印制　董　虎

原文出版　Oxford University Press, 2002
出版发行　译林出版社
地　　址　南京市湖南路 1 号 A 楼
邮　　箱　yilin@yilin.com
网　　址　www.yilin.com
市场热线　025-86633278
排　　版　南京展望文化发展有限公司
印　　刷　南通印刷总厂有限公司
开　　本　890 毫米 × 1260 毫米　1/32
印　　张　8.625
插　　页　4
版　　次　2013 年 6 月第 1 版
印　　次　2025 年 7 月第 10 次印刷
书　　号　ISBN 978-7-5447-3273-4
定　　价　39.00 元

序言

刘放桐

译林出版社约我为他们即将出版的帕特里克·加迪纳的《克尔凯郭尔》一书写个序言。我翻阅了该书清样,感到这是一部介绍克尔凯郭尔哲学思想的优秀著作,值得向读者推荐。

本书英文原版是牛津大学出版社“牛津通识读本”丛书中的一种,副标题为“非常简短的导论”。但作者对克尔凯郭尔思想的介绍实际上超出了“简短的导论”的范围。他从克氏的思想理论背景(特别是休谟、康德、黑格尔等人的理论)、其思想的形成过程(包括与费尔巴哈、马克思等同时代思想家的对比)和基本理论倾向以及对存在主义等往后西方哲学的影响等方面对克氏哲学作了全面、系统和具体的阐释,可以说是一部相当完整的关于克尔凯郭尔的论著。克尔凯郭尔的思想体系相当复杂,他怪诞的个性以及隐喻和非逻辑的文风更增加了对他的理解的困难。但是本书作者对克尔凯郭尔的理论作了清晰的梳理,读者从本书的各章节中不难领悟克氏有关思想的脉络。作为一部通俗著作,本书的写作很是成功。正因为本书各个章节对克氏哲学的主要内容都已有清楚的介绍,我在此不拟全面提及,仅想结合克氏的生平活动及他反黑格尔主义的基本理论倾向,从西方哲学近现代转向的角度谈一下对他的评价问题,供读者们参考。

索伦·奥比·克尔凯郭尔（Søren Aabye Kierkegaard，1813—1855）是19世纪上半期的丹麦哲学家和神学家，但他在哲学和宗教上又都具有明显的反传统和反潮流个性。这种个性与他的家庭环境和个人生活经历有一定联系，但更重要的是适应了所处时代酝酿着的西方哲学从近代到现代转向的历史潮流。

克尔凯郭尔出身于一个虔诚的基督教徒家庭，其父一直严格以旧约的精神治家，使整个家庭弥漫着浓烈的宗教气氛。他虽因经商致富，但常为贫穷时诅咒过上帝以及有过通奸行为而自认有罪，担心上帝惩罚，惶惶不可终日。后妻和五个子女先他逝世，更使他备感震惊，深信这是上帝特意使他领受无穷的痛苦和孤独。他的这种阴暗低沉的心态对小儿子索伦产生了深远的影响。索伦有先天生理缺陷，体弱多病；他虽然聪颖过人，但生性孤僻内向，行为怪诞，以致同其父一样终生都为有罪和受惩的宗教情感支配。他后来在日记中谈到："我早年的全部生活环境笼罩在最黑暗的忧郁以及最阴沉的压抑的迷雾里，竟至于弄成我现在的样子，实在是没有什么奇怪的。"①

克尔凯郭尔1830年进哥本哈根大学学习神学、哲学和文学，他对戏剧、音乐也有浓厚兴趣，但这些并未改变他为恐惧和颤栗支配的反常心态。1836至1837年间他曾一度沉醉于放浪形骸的生活，然而这并没有使他摆脱阴沉心态，反而带来更大的精神空虚，使他重新陷入了恐惧和绝望之中。1838年其父死后，他本来可以摆脱父亲的影响，开始自己的精神生活；当时与

---

① 《克尔凯郭尔日记选》，晏可佳、姚蓓琴译，上海社会科学出版社1992年版，第24页。

一位叫雷吉娜的姑娘的交往，也燃起了他追求新生活的热情。然而 1840 年他们订婚后不久，他重又为恐惧和忧郁情绪支配，感到在献身上帝与步入婚姻之间只能二者择一，一年以后遂解除婚约。以后他的生活更为孤僻，心态也更为反常，甚至近乎疯狂。克尔凯郭尔正是在这种精神状态下从事哲学、神学及文学等研究和创作的。这使他必然与西方近代哲学的理性主义传统迥然相异。1841 年他在完成硕士论文《论讽刺概念》后曾去柏林听谢林的反黑格尔的课。他不仅反对黑格尔的绝对理性主义体系，也认为谢林思维混乱，其形而上学软弱无力。1842 年 5 月他回到哥本哈根，靠所得遗产过活。从这时起到 1846 年完成了其最主要哲学著作。晚年他几乎将全部精力转向宗教，写了大量宗教论著。但正像在哲学上反对传统的理性主义一样，他在宗教上也反对对宗教神学作理性论证的潮流，并由此与官方教会发生过激烈冲突。

克尔凯郭尔被认为是使欧洲哲学发展发生近现代转型的重要人物之一。他所实现的转型的主要内容就是以孤独的、非理性的个人存在取代脱离人的客观物质或理性意识的存在来当做哲学研究的主要内容，以个人的非理性的情感活动，特别是厌烦、忧郁、绝望等悲观情绪代替感性或理性认知，特别是代替黑格尔主义的纯思维、理性和逻辑来作为揭示人与世界及上帝的真谛的出发点，而这也正是他的全部哲学和宗教研究的出发点。

克尔凯郭尔哲学的某些内容被认为得自他个人反常的、非理性的经验，其中有的甚至还带有他个人的自传色彩。然而更为重要的是他受到欧洲，特别是德国哲学发展中的非理性主义潮流的强烈影响。这种潮流自 19 世纪以来日益明显，甚至有取代传统理性主义之势。在克氏开始活动的19世纪40年代,曾在德国哲学中占统治地位的黑格尔主义迅速衰落,受到了来自不同方面的批判,其中就有叔本华、后期谢林等人从非理性主义立场进行的批判。黑格尔学派也由之分化解体。青年黑格尔学派越来越倾向于用非理性主义精神来重新解释黑格尔;对当时德国思想发生过相当大影响的德国浪漫主义作家也有此倾向。欧洲和德国哲学中的这种非理性主义思潮在丹麦也产生了很大影响,并深深地吸引了克尔凯郭尔。他对谢林之把实在当做个人伦理上的实在的论述,以及德国浪漫主义者企图在孤独的个人的主观体验中去把握真正的实在和内在的无限性的观点都极为赞赏,并把它们与基督教传统中的非理性主义方面联系起来。他的哲学正是欧洲哲学和宗教中的非理性主义思潮发展的产物。

克尔凯郭尔明确地把自己的哲学与传统哲学对立起来,特别是把对以黑格尔为代表的理性主义的批判当做自己哲学的根本方向。对黑格尔主义的批判几乎成了他全部著作的一根轴线。他认为,黑格尔哲学的根本错误在于把逻辑必然性当做实在的统一性的最高原则以及理性和实在的统一性的保证,并由此陷入了“客观主义”。因为黑格尔把纯逻辑,即纯思维或者说客观精神当做一个具有普遍性和必然性的统一整体和封闭的系统,当做唯一真实的存在,并企图由此推论出其他领域的一切。世界无非是这种客观精神的必然显露,一切具体的、特殊的存在无非是这个普遍存在的实例,是这个整体中的某一阶段中的某一成分。按照这种观点,个人的存在也是被决定的,因为个人也无非是这种普遍的、纯思维的偶然的表现。人的自由是一种被理解了的必然性,人的道德和宗教情感是普遍理性的附属品。这样人实际上失去了自己的自主性和独立性，失去了作出决定和进行选择的可能性，失去了自己的个性和自由，从而也将使自己忘却了对所发生的事件的责任，取消了个人从伦理上对待自己和世界的可能性。黑格尔哲学是一种用思想整体来牺牲个人、使人非人化的哲学，是对人的地位和尊严的一种蔑视。

值得提到的是：克尔凯郭尔在批判黑格尔时，竭力驳斥老年黑格尔派把黑格尔的体系看做是对基督教的充分论证的观点。后者认为，基督教并不认为理性和信仰这两种因素是人类精神的两种相互对立和排斥的东西。尽管它们各有特点、不能相互取代，但它们有着必然的联系，形成为人类精神和意识的一个统一整体。从圣保罗开始，基督教就力图将希腊的理性文化与犹太的信仰文化融为一体，而这种努力在黑格尔体系中得到了最后的完成。黑格尔哲学是对基督教信仰的一种思辨的论证。克尔凯郭尔认为黑格尔主义对基督教和宗教生活以及信仰本身的思辨论证完全是虚妄的。其全部论证都犯了亚里士多德在《前分析篇》中早已指出的循环论证的错误，即把待证明的结论当做前提。黑格尔待证明的结论是他的纯逻辑体系的统一性和实在性，然而他却总是把这种统一性和实在性当做他的整个论证的前提。这样他的论证必然似是而非。

克尔凯郭尔如同黑格尔一样企图把具有单一性和偶然性的个别存在与绝对或上帝联系起来，但两人在建立这种联系上方向相反。黑格尔认为唯一真实存在的是作为纯逻辑、纯思维的绝对，从而企图用逻辑必然性来建立这种联系。克尔凯郭尔则认为真正作为绝对存在的是超越理性思维和逻辑的上帝。每一个人的真正存在和自由是在上帝面前的存在和自由，它们的获得不是依靠理性和逻辑，而是依靠人与上帝的直接（没有中介)接触,即个人以自己独特的方式对上帝的内心体验,或者说作为可能性存在的人自主和自由地趋向上帝的活动。

总的说来，克尔凯郭尔对黑格尔的批判是围绕着可能性与必然性、个别存在与绝对(上帝)、信仰与理性等之间的关系来进行的。从克尔凯郭尔驳斥老年黑格尔派关于黑格尔主义是对基督教的最后证实这一观点来看,他的批判似乎是一种护教论意义的批判。然而,克尔凯郭尔批判的是对理性和逻辑必然性的崇拜,他在强调可能性优先的名义下强调人的非理性存在的意义以及人的个性和自由。从这种意义来说,他的批判可谓改变了黑格尔哲学所体现的理性主义思维方式,将西方哲学发展引向后黑格尔时代,也就是现代哲学发展的时代。

在克尔凯郭尔在世及死后的几十年内,他的哲学只流传于丹麦少数崇拜者圈子里。1877 年丹麦著名文学批评家布兰代斯(G.M.C. Brandes,1842—1927)对他作过高度的评价。19 世纪末 20 世纪初,他开始受到德、奥等国一些学者的注意。他对传统宗教的反叛为瑞士神学家卡尔·巴特(Karl Barth,1886—1968)等新正统派神学家所称道,他在心理学方面的创新思想受到了弗洛伊德的赞许。但只有当本世纪存在主义在欧洲出现和盛行起来后,由于他的理论成了其重要理论来源,克尔凯郭尔才被视为存在主义的先驱而在西方哲学界享有盛名。法兰克福学派的一些学者也承认他们受到克尔凯郭尔的启迪。存在主义等当代流派被认为继承和发挥了 19 世纪中期以来西方的非理性主义哲学思潮,作为存在主义先驱的克尔凯郭尔也由此被公认为是这一思潮的重要开创者之一。正因为如此,有的西方思想家认为,“就其一生和著作的影响来看,克尔凯郭尔更多地是属于20世纪，而不是属于他自己那个世纪”。[1]

2009年3月31日

① J.C.列文斯顿：《现代基督教思想》，何光沪译，四川人民出版社1999年版，第604页。

目录

前言

克尔凯郭尔的著作涉猎广泛，纷繁复杂，对他的思想进行简短的介绍不是一件容易的事情。我没有试图涵盖其全部思想的不同方面，而是觉得着重介绍与他那个时代的学术和文化主题最有关联的方面比较好。走笔之间，我努力追溯促使他形成自己关于伦理和宗教地位的独特观点的种种因素，同时指出他对后来的思想史在哪些方面产生了影响——我们虽然没有及时认识到这些影响，它们却是重要的。本书内容有限，无法讨论他的其他许多作品，包括他对宗教生活之本质最为直接的论述，而他认为人们应该理解这一本质。

本书第四章的部分内容来自我几年前在英国电影学院所作的一次演讲，演讲内容已经发表。在本书中，这些内容已经作了相当的修正和改动。

缩略语

本书在提到克尔凯郭尔的作品时,使用以下的缩略语[①]:

CA 《焦虑的概念》,R. 童特和 A. B. 安德森译,普林斯顿大学出版社,1980 年。

CUP《最后的非科学附言》,D. F. 斯温森和 W. 劳里译,普林斯顿大学出版社,1941 年。

EO 《非此即彼》,两卷,D. F.斯温森、L. M.斯温森和 W.劳里译,普林斯顿大学出版社,1959 年。

FT 《恐惧与颤栗》和《重复》,H. V.宏和 E. H.宏译,普林斯顿大学出版社,1983 年。

J 《索伦·克尔凯郭尔日记》,A. 德鲁译, 牛津大学出版社,1938 年。

PA 《当今时代》,A. 德鲁译,丰塔纳图书馆,1962 年。

PF 《哲学片断》,D. F.斯温森译,H. V.宏校订,普林斯顿大学出版社,1962 年。

PV 《吾书之观点》,W. 劳里译,哈珀和罗出版社,1962 年。

①为方便读者阅读,译文中用中文书名代替原文的缩略语。——编注

SD 《致死的疾病》,H. V.宏和 E. H.宏译,普林斯顿大学出版社,1980 年。

SLW《人生道路的各个阶段》,W. 劳里译,索肯图书,1967 年。

第一章

生平与个性

不止一次，克尔凯郭尔把天才比做逆风而上的雷雨。提出这个比喻的时候，不知道他是否想到了自己。不过，就他的学术生涯而言，这个比喻倒不失贴切。他像马克思和尼采一样，以勇于反叛 19 世纪的思想而闻名。他们在各自的著述中有意识地对抗自己那个时代的主流思潮和传统。直至去世之后，他们的重要观点才获得广泛的接受。

就克尔凯郭尔而言，人们对他的接受来得特别慢。他用丹麦语写作，与他同时代的丹麦人认为他是一个“多余的”人，至少他自己是这么看的。或许时人没有读他写的东西，或许他们读了，但误解了其中的内在含义。他于 1855 年去世，之后不久他的著作就有了德文译本，但开始并没有产生什么影响，只是在第一次世界大战期间和结束后，它们在中欧的影响才变得日益显著。他之所以获得至今仍无可争辩的世界声誉，是因为他的名字首先和存在主义联系在一起，这一哲学运动在 20 世纪 30 至 40 年代闻名于世。作为一位思想家，他可能显得晦涩、充满争议、难以分类。然而，他确实是一个不可忽视的人物。

对于死后的声名，克尔凯郭尔即使能够知道也不会感到奇怪。他自己曾自信地预言了这一点。他说，终有一天，人们将认真研究他的著作，赞赏书中独特而深邃的见解。至于这个预言是不是让他感到纯粹的满足，那是另外一回事。他提到未来世人对自己的重视，只是把这看做一个事件，并非为了孤芳自赏，反倒是一种讽刺的评论。他把将来那些会赞许他的人称为“教授”。换句话说，他在世时那些自鸣得意的学术机构的未来成员正是他痛批的对象。诚然，在这一点上，他的学术生涯愈接近尾声，他的观点便愈发尖锐，这和他对教会的憎恶愈来愈明显是一样的。话说回来，他对学术机构的敌视源自更早的时候他对某种东西产生的深深的怀疑，他认为这种东西对自己那个时代的学术氛围是有害的。这种东西便是被他称为“对客观性的错觉”的成见。一方面，这种成见用一层层的历史解说和伪科学推理来窒息主观经验的重要核心。另一方面，它喜欢从抽象的理论角度来探讨思想，根本不去考虑这些思想对于具体的世界观有何意义，对于活生生的人所承担的义务有何意义。克尔凯郭尔所有的著述都以这样或那样的方式证明了个体在面对这些倾向时需要强化自我的完整性，而他自己的个人生活可以说就例证了这一点。他的创作和他作为个体的存在相辅相成，不可分离，二者的关系忠实地记录在他浩繁的日记中。克尔凯郭尔二十一岁开始写日记，这些生动的文字有助于我们了解他奇异而复杂的个性中那迷宫般的隐秘之处。

索伦·奥比·克尔凯郭尔于 1813 年 5 月 5 日生于哥本哈根，是家里的第七个孩子。父亲米凯尔·佩德森·克尔凯郭尔是一个退休的针织品商人，年轻时是个农奴，后来获得自由人的身份。之后，通过自己的努力，也因为从一个叔叔那里继承了一笔价值不菲的遗产，他成了一个富人。在第一个妻子过早去世后，他娶了亡妻的女仆，生下克尔凯郭尔。母亲是个文盲，在儿子的成长过程中，她起的作用并不明显。相反，父亲对他产生了极大的影响。父亲自学成才，做生意十分精明，同时，他还是个虔诚的路德教会信徒，笃信义务和自律。克尔凯郭尔曾回忆，小时候，父亲要求他“绝对服从”自己。不过，令他印象最深的却不是这一点。父亲相信自己和他的家庭生活在神秘的诅咒之下，尽管物质生活丰裕，但他时时认为会遭到上天的惩罚。父亲的这些思想使克尔凯郭尔生活在阴郁和宗教的罪感之中，这对他日后的生活产生了很大的影响。这个做儿子的曾在其日记中回顾道，“从很早的时候开始，这一黑暗的背景便成了我生活的一部分”。他记得，“父亲使我的灵魂充满了恐惧，还有他那可怕的忧郁，以及我没有记下来的这种父子关系中所有的事情”(《日记》第 273 页)。

图 1 克尔凯郭尔像，作者不明。

在任何时候，他从不低估困扰自己的残疾和困难。不过，还是有人说他从小被当成一个“疯子”来培养，这些尖锐的话让我们不难理解为何克尔凯郭尔对自己的成长方式颇有微辞。即便人们说这样的话是因为他的父亲，他对这个男人的感情仍是矛盾的：父亲活跃的——哪怕是怪异的——想象力令他着迷，父亲的才智和雄辩令他印象深刻。他在记忆中对父亲怀有深沉的认同感，这种认同感奇怪地糅合了敬爱与惧怕。

克尔凯郭尔儿时的一个伙伴称他在家里的生活是“严格与怪异”的神秘交融，而在私立学校的学习也没有让他获得多少解脱。他是一个男孩，可身体羸弱，行动笨拙。他认为自己的外表毫无魅力，对此他又极为敏感。于是他从不参加体育活动，经常成为别人欺负的对象。不过，在别的方面，他可毫不示弱。很快，他发现自己智力超群。后来他承认，当受到威胁时，这一点成了有效的自卫武器。他言辞锋利，容易伤人，尤其善于发现他人的弱点。据传，他擅长揶揄，喜欢挑衅，能把他的同班同学说得直掉眼泪。结果，他和周围的人变得疏远起来，成了一个孤独内向的人，令人忧惧，不讨人喜欢。他的同窗所描绘的这一形象可能不太吸引人，不过却预示了他成人后最直接、最引人注目的特征，即思想特立独行，讽刺入木三分。1830 年，十七岁的克尔凯郭尔到哥本哈根大学求学。开始一切尚好。第一年，他选修的基础课程十分广泛，包括希腊语、拉丁语、历史、数学、物理和哲学，并以出色的成绩通过相关的全部考试。接着，他踵武自己的兄长彼得，开始攻读神学学位。彼得具有学术研究的天赋，但十分自负。当时，彼得已提前修完课程，正在德国攻读博士学位。克尔凯郭尔的学习进展则没有如此顺利。他对攻读学位逐渐失去兴趣，到 1835 年，他写信给一位朋友，说上课对他来说

图 2　哥本哈根新广场，1865 年。克尔凯郭尔生于此城。

味同嚼蜡，他“更喜欢一种自由的、也许……多少不太确定的学习，不喜欢客饭，因为客饭事先就让人知道一周的每一天有哪些客人，要准备什么饭菜”（《日记》第 9 页）。如此描述自己对学习的态度，实际上反映了他当时追求的生活方式，这种方式似乎是在有意反抗家庭让他接受的严肃理想和严苛戒律。他经常大手大脚地花钱买衣服穿、买酒喝，欠债后，让父亲代为偿还。他还常常接二连三地参加各种宴会，光顾咖啡馆和餐馆，经常去戏院和歌剧院，用他自己的话说，当时“穿着时髦，鼻子上架着眼镜，嘴里叼着香烟”。

克尔凯郭尔曾说自己是个双面人——“一面开颜，一面啜泣”（《日记》第 47 页）。尽管从表面上看，他非常享受自己那迟迟不能毕业的读书生活，但从这一时期的日记看，他非常不满

图 3 克尔凯郭尔以两面神杰纳斯自况，自称“一面开颜，一面啜泣”。

自己这种空虚的存在状态，不满自己无法找到生活的中心或重心。一方面，他悲叹追求感官享受是徒劳的，清醒后只会留下厌倦和压抑；另一方面，他对自己当时所学的东西很不耐烦，认为那只是单纯地、刻板地追求知识和知性——“如果真理就站在面前，客观、清晰，根本不在乎我是否了解它，如此，了解又有何用？”（《日记》第 15 页）相反，他谈到自己需要发现一种“思想”或“生活观”，让他可以毫无保留地审视自我，并且借此来羡慕地仰望那些“伟大的人物”。对这些大人物来说，只要是自己眼中最有价值的事业，他们都会不顾一切、全心全意地投身其中。事实上，有一段时间他甚至觉得，去做一个一心一意的犯罪大师也是挺吸引人的。没错，他读书勤奋，抛弃了神学，转而学习哲学和文学，后两者为他提供了一块训练想象力和批判力的沃土。不过，这样一来，他感到自己基本上成了一个生活的旁观者，而不是一个行动者，永远在重新体验他人的经验和思想，却无法拥有任何属于自己的东西。因此，他认为自己生活在“虚拟语气”而不是“陈述语气”中，绝望地把自己的处境比做一颗不会移动的棋子。

表面上看，克尔凯郭尔的这段生活充满欢乐、无忧无虑，但可以说，其背后是深深的无力和困惑之感。这种感觉一直持续到1838 年。那一年，父亲突然去世。父子俩的关系向来既分外亲密又令人不安，可以想见，这一事件对克尔凯郭尔的情感产生了巨大的影响。相对而言，比较难以预料的是，这种影响以何种形式出现。克尔凯郭尔一家有七个孩子，只有两个活了下来。克尔凯郭尔大概以为，父亲注定要比自己和兄长活得更久，可事实并非如此。于是，他认为父亲的死是为他作出了某种“牺牲”，为的是“可能的话，我会变成某种东西”（《日记》第 62 页）。

所以，尽管继承的遗产可以让他过上舒适的生活，不必为生计去求学，但他还是认为自己现在有义务去完成大学课程，以了却父亲的夙愿。他马上认真备考，于是在两年内，思想和前途发生了极大的变化。父亲去世后不久，他出版了自己的第一本书，《来自一个生者的手稿》。此书研究的是汉斯·安德森作为一个小说家的局限性。1840 年 7 月，他终于获得了神学学士学位。同年 9 月，他宣布与特克尔·奥尔森的女儿订婚。特克尔·奥尔森是一位高官，出身名门。第二年 11 月，克尔凯郭尔在一所神学院开始进修牧师的训练课程，同时动笔撰写硕士学位论文。总而言之，作为一个业余艺术爱好者和一个花花公子的生活被远远抛在身后，他似乎打算成为一个负责任的丈夫，为谋到一种正式的职业身份而学习。

然而，这一切仍然不过是骗人的假相。克尔凯郭尔无法忘记自己和雷吉娜·奥尔森的婚约，这对他日后的发展——无论是作为一个普通人，还是作为作家——无疑将起到相当重要的作用。对于这一段记忆，他在日记中无数次提到，在不同阶段的创作中也经常有所暗示。不过从他后来的陈述来看，他在心中一开始就挣扎在结婚的念头和虚幻的氛围——至少他是这样看的——二者间的矛盾之中。这一矛盾笼罩了两人当时的关系。表面上看，外人的印象是他在努力做着自己的身份要求他做的一切，生活很正常。其实，他觉得，从求婚得到接受的那一天起，自己就后悔了。随着时间的流逝，怀疑和焦虑变得越来越强烈，不过，他一直小心隐藏这样的情绪。将近一年后，他退回婚戒，让雷吉娜忘了那个送她婚戒的男人，因为他无法让一个姑娘幸福，请她原谅。在此后的一段时间里，雷吉娜努力挽回，而他决定摆出一副冷漠的样子来加以拒绝。后来他说，这样做，是因为当时相信，只有这样才能“把她推出去，嫁为他人妇”。

无论外界如何看待他的退婚行为——当时他没有采取任何办法为自己挽回一点名声，克尔凯郭尔后来声称，退婚是他自讨苦吃，内心饱受煎熬。这一点是毋庸置疑的。提到当时的情况，他认为自己不得不作出这个痛苦的决定，而这一决定使他在情感上受到极大影响。他相信自己的决定是对的，可这却丝毫未能平息苦闷。不过必须承认，对于这一决定的背后原因的实质，他有些躲躲闪闪。有时，他感到是“忧郁”导致他的无能为力；有时，他又觉得自己的个性与世不容；还有些时候，他把自己称为一个“与众不同的”人，这使他最终无法与他人建立婚姻关系，因为这对他要求太高。不过，无论此事真相如何，毫无疑问，与雷吉娜·奥尔森分手代表了他生活中一个关键的转折点。虽然献身于基督教这一点已经不可改变，但是，他不愿再认真考虑以兄长为榜样，成为一名神职人员。相反，他成了一个独身

图 4　克尔凯郭尔的居所阿赫特韦格豪斯（Achtwegehaus）。

的隐居者，利用父亲的遗产带来的丰盈收入，全心全意地投入到写作中。“写作，”他此后曾说道，“就是我的生活。”

的确，他的写作已在进行当中。也许由此可以看出克尔凯郭尔矛盾的心态。在当时，不幸的婚约所牵涉到的感情问题丝毫没有影响他的工作。相反，如果说有什么影响的话，那就是感情的波折起到了相反的效果，大大激发了他的创作激情：第一个成果就是硕士学位论文——《论讽刺概念：以苏格拉底为例》，他不到一年就完成了这篇论文。论文复杂晦涩，评审们为此感到苦恼，其中一个抱怨这篇论文冗长啰唆、矫揉造作。克尔凯郭尔在论文中运用了独特的研究方法，这可能也使他们感到了惊讶。这篇论文预示——至少是间接地暗示了他日后诸多作品的特点：在某些方面对广受尊敬的黑格尔哲学进行批判。同时，他间接地但随时地利用自己个人的经历来刻画自己作为一个浪漫主义讽刺家的形象，认为自己是这个世界中的“陌生人和局外人”，和他人及自己永远存在着隔阂。尽管当时人们对这篇论文持有种种保留意见，它还是在系里获得了通过。

同年（1841）晚些时候，克尔凯郭尔离开哥本哈根去了柏林，目的是进修谢林开设的一门课程。谢林是一位德国哲学家，青年时和黑格尔过往甚密，后来却与他分道扬镳。现在他的观点与黑格尔的思想水火不相容，他也以此而闻名。开始，克尔凯郭尔对谢林颇有好感，赞同他的这一观点：黑格尔试图把具体现实这一领域等同于对一般概念或范畴的阐述，却没能把握本质和存在的关键区别。当谢林的讲授从否定的批判转到实证的思辨时，克尔凯郭尔却越来越生气，认为谢林思维混乱，自命不凡，认为他那一套形而上的学说“软弱无力”。无论如何，他至此已经完全投入到属于自己的“创业”活动之中。他于次年 2 月给自己的兄长写了一封信，称“谢林满口胡言乱语，令人无法容忍”。接着又说，他已经决定返回哥本哈根，完成“手头上的一本小书”(《日记》第 104 页)。这本书就是《非此即彼》。在此后的几年里，他接二连三地写出一系列关于哲学、文学和心理学的著作，《非此即彼》是第一本。它绝不是一本“小书”，1843 年初它出版了，是厚实的两卷本。八个月后，《重复》和《恐惧与颤栗》面世了，接下来是《哲学片断》和《焦虑的概念》(两本均出版于 1844 年 6 月)、《人生道路的各个阶段》(1845)和《最后的非科学附言》(1846)。这些著作都以不同的笔名出版，它们并没有使克尔凯郭尔这一时期的创作趋于枯竭：他同时还以真名发表了《十八训导书》。和那些以笔名发表的著作不同，这本书具有明显的宗教性质。不管以什么标准看，如此多产都是惊人的，不过，这一成就也使他付出了相当的代价。将近五年中，他“像教会文书一样在工作间里埋首耕耘，几乎一天也没有休息”，心神疲惫。在完成《附言》[①]后，他曾考虑放弃写作，到乡间过日子——这并不奇怪。然而，不管他有什么样的计划，还是被一件事打乱了，这件事在他的心灵中烙下了不可磨灭的印记。

1845 年 12 月，一部文学论文集出版，其中有一篇文章讨论克尔凯郭尔的《人生道路的各个阶段》，作者是 P.L.默勒。在谈到克尔凯郭尔对待雷吉娜·奥尔森这件事上，文章言语苛刻，含沙射影。克尔凯郭尔是在求学时代认识默勒的，默勒现在雄心勃勃，要成为一名大学教授。克尔凯郭尔看不起默勒的人品，他也知道默勒偷偷向《海盗》投稿。《海盗》是一份讽刺周刊，讥讽的是哥本哈根的名人，不过之前对克尔凯郭尔还算尊敬。克尔

① 指《最后的非科学附言》，下同。——编注

凯郭尔对这篇文章很生气，也知道它出自谁手，于是他写了一篇文章，尖锐地回击默勒，揭露他和这本声名不佳的杂志有秘密联系。同时，他也攻击《海盗》，将自己列为它的受害者之一，并暗示受到这样的刊物尊敬比受它攻击更丢脸。克尔凯郭尔的恶语反击的确大大损害了默勒的名声和前途，不过也为他自己招来了并不好受的还击。《海盗》的编辑接受挑战，图文并茂地嘲笑克尔凯郭尔，一周接着一周拿他示众，不管是他的外貌还是他的习惯，他们都不放过。这种公开的羞辱深深地刺痛了他的心，下面这段日记清楚地说明了这一点：

> 只要《海盗》一声令下，连屠夫的儿子可能都觉得自己满有理由侮辱我。大学生看到某个名人被踩在脚下，高兴不已，开怀直乐，咯咯傻笑。大学教授们嫉妒我，暗中支持这种攻击，并散布谣言，当然还要加上一句，说这是奇耻大辱。我哪怕仅仅是去看一个人，也会被恶意歪曲，四处传播。如果《海盗》知道这件事，就会印出来，让全国人民都来一饱眼福。
>
> （《日记》第 161 页）

他继续抱怨：甚至连那些他喜欢与之为伍的人和他在一起时也感到尴尬或气恼。他们担心自己受到连累，成为讽刺的对象——“到最后，唯一可做的事情就是撤退，只和那些我讨厌的人交往，因为和其他人交往真令人羞耻。”

他希望得到熟人的支持，却遭到他们抛弃。这一说法可能有道理，也可能不太准确，不过，它肯定说明了在人生的这一阶段他所经受的偏执而孤独的体验。然而，随着时间的流逝，克尔凯郭尔开始更为积极地看待自己的处境以及导致这一处境产生的行为。他不仅勇于反抗某一爱管闲事的杂志的威胁，而且准备独自承担这种反抗的后果。并且，他通过自己的亲身经历，了解了人们怯懦的从众心理，对个人的正直缺乏尊敬。在有了这些经历之后，他终于放弃原先退隐田园的想法。他相信，目前“文学的、社会的和政治的形势”要求一个“超凡脱俗者”准备以真理的名义来说话。这里的真理是基督教的真理。他认为自己的才学和品性适合担当这一任务。无疑，他怀着神授的使命感，决意一直忠实于自己的创作事业。他认为自己有必要再次“驶入广阔的大海，无论是否受神之恩惠，都完全听命于上帝”(《日记》第 192 页)。

因此，尽管 1846 年的事件带来的创伤不断出现在记忆中，克尔凯郭尔仍然继续从前那种表面平静但内心热烈的生活轨迹。这种生活方式当然不缺少物质方面的支持。为了让自己有舒宜的工作环境，他大笔地支取继承来的遗产：定期让人把精致的饭菜送到他装饰高雅的公寓里，开怀畅饮美酒；夏天，他继而雇车游玩乡野。他并不掩饰自己的奢华，不过他坚持认为，要写出好东西，就得过好生活。然而，他要告诉世人的东西却令人很不舒服。他相信，当今的社会千疮百孔，充满虚伪、自满和自欺，这在宗教思想和礼仪中表现得尤为突出。所以他要令世人震惊，要他们因此而意识到自己的处境。《文学评论》(1846)、《不同精神的训导书》和《爱之作》(1847)以及《基督教论辩》(1848)这样的作品为他之后的两部主要作品作了铺垫。这两部作品和前面的这几部不一样，是用笔名发表的。用笔名是为了让读者正确理解其中所涉及的思想：《致死的疾病》(1849)深入研究精神的病态，在某些方面，这些研究和他早先的《焦虑的概念》是一脉相承的；在《基督教训练》(1850)中有一个鲜明的对比，即基督教信仰要求信仰者所拥有的观念和一种浅薄的或世俗的观念之间的对比，后者以基督教信仰的名义进行广泛的散布。这些作品是克尔凯郭尔迈出的重要一步，它们的交相辉印标志着他学术生涯的顶峰。

相对而言，在19世纪50年代早期，他实际上发表的著作并不多，然而这证明了他此时不过是要喘一口气，以便接下来以更为公开、更具颠覆性的方式对抗流行思潮。这些著作首先将矛头对准受人尊敬的教会权贵的名声。1854年，丹麦大主教明斯特去世，其继任者为汉斯·马滕森。马滕森是一位神学家，在大学里曾是克尔凯郭尔的导师之一。他在明斯特的葬礼上致悼词，称其为“真理的见证人”。他从前的这位学生认为这一说法尤为不妥。虽然明斯特和克尔凯郭尔的父亲有私交，克尔凯郭尔却越来越相信，此人典型地表现了在对待基督教方面自满自得、自律不严的态度。克尔凯郭尔在自己的著作中批判的正是这种态度。因此，在同年12月，他著文对马滕森的话表示了极大的轻蔑，接着又扩而展之，将攻击的目标指向官方的基督教——“基督教世界”——所代表的一切，讽刺和挖苦它的支持者和代表者内心所怀有的动机。他的中心论点是，教会基本上已经成了一个世俗机构，和国家关系密切，为官僚所控制；这些人首要关心的是攫取更多的物质利益，他们用虚伪的空谈来掩盖教会活动的真正目的。如果要发现这些人所用术语的真正含义，就必须从反面来读解它们。例如，宣扬《圣经》关于贫穷的观点，应该被理解为追求有利可图之事；对世俗利益的谴责便是对这些利益的攫取。这就好像人们常用“再见”这个词来表示他已经来过——“要是一个人听到‘再见’这个词，怎么会想到一个人正在赶往这里呢？”由此，克尔凯郭尔暗示，教会声称为公众服务，赢得无比的信任，却又对他们撒下弥天大谎。最后，他号召自己的读者彻底退出“官方的崇拜”，如此，他们才不会同流合污，欺骗上帝。他的这些观点首先通过公共传媒发表，后来印在他自费出版的名为《瞬间》的大字报上。

克尔凯郭尔孤身对抗教会机构及权威人士，他极为雄辩，挖苦入木三分。这种激情令近来一些评论者想起他的同时代人卡尔·马克思，马克思以同样的激情试图揭露19世纪资本主义社会虚伪的意识形态。毫无疑问，克尔凯郭尔的观点在某些地方引发了愤怒，甚至招来恐吓。人们表示抗议，要求采取行动，以对付这一在他们看来具有破坏性的骚动。然而出人意料的是，他向公众论战这一领域发动的凶猛进攻历时短暂。1855年10月初，他在街上瘫倒，几星期后死于医院。葬礼在哥本哈根大教堂举行，他的兄长向大批的会众发表讲话，既赞赏克尔凯郭尔的成就，也为他在去世前最后一段时间里所表现出来的混乱的判断而感到遗憾。如果克尔凯郭尔事先得知这些，人们的这些举动恐怕又要遭到讽刺。

第二章

哲学背景

克尔凯郭尔有无数的评注者，不管他们在其他方面意见如何分歧，却都倾向于同意他不是一般意义上或传统意义上的哲学家。一般而言，人们认为，他写作的总体风格和思考的方向与在他写作前的约二百年间形成的、典型的哲学研究方法和目的大相径庭。读者若是指望在他的著作里看到清晰的论证、细致表述的前提和明确的结论，那么，他们通常会感到失望。在这方面，他表述观点的典型方式不仅与笛卡尔和斯宾诺莎等讲究秩序的哲学家那种严密的步步论证截然不同，而且与洛克和贝克莱这些崇尚经验的哲学家偏爱的、更为随意的表述模式也大不一样。17 世纪和 18 世纪的哲学家所关心的核心话题，他也并不太着力研究。他全心追求的也不是关于宇宙基本结构的认知或人们对实在之本质和领域的认识。他那些伟大的前辈们雄心勃勃，要在理论创新上干一番大事业——这种雄心壮志深深受到自然科学所取得的极大成就的影响。如果说依其性情和信念，克尔凯郭尔坚决反对前辈的这些雄心壮志，那是值得商榷的。典型的"思辨"思想家不愿思考日常生活的偶然事件，他高高在上，冷静地思索关于存在的问题。这样的思想家很可能无法令他信服，甚至令他反感。除此之外，他有可能认为，这样的思想家冷漠地对待于普通人而言是重要的东西，这些“系统遵循者和客观的哲学家”无视普通人的真正利益。因此，有些批评家认为在浪漫主义对欧洲启蒙运动的反叛中，他是一个极端的代表，而另外一些批评家则认为他不是哲学家，而是反哲学家——不仅因为他赞同不带偏见地进行研究，而且因为对那些带着偏见进行研究的人们所得出的设想，他积极地予以解构。

对以上这些观点的思考必须留待后论。不过，无论如何，如果我们觉得可以孤立地理解克尔凯郭尔的思想和意图，而不去考虑这些思想和意图与他那个时代的哲学家广泛争论的主题有何关系，那就大错特错了。一般而言，他最关心的主题与前辈哲学家讨论的主流并非一脉相承，不过，前辈的讨论留下的许多话题无疑成为他最为关心的内容。这些内容涉及人类经验在伦理上和宗教上的向度，它们又引出关于伦理和宗教二者的地位和存在之合理性这些根本问题。由此，如果说从一方面来看克尔凯郭尔所关注的问题来自他个人的生活和品性，那么另一方面，我们可以认为，他目的明确，就是要挑战自己那个时代广泛流行的道德及宗教思想。

康德和休谟

克尔凯郭尔提出的是什么样的挑战？这种挑战又起因于何处？要回答这些问题，最便捷的起点便是去看一看18世纪末伊曼努尔·康德(1724—1804)提出的某些观点。不管克尔凯郭尔采用的是什么样的研究方法，康德自己的哲学毫无疑问是针对他那个时代哲学研究的核心问题。康德一向坚信，在探究物质世界时，我们必须与自然科学的成就达成妥协。具体而言，他从未质疑过牛顿对世界所作的描述的意义，也从不打算大大贬低这种意义对系统研究的未来所具有的重要性。不过，他同时深刻地意识到，这种研究到底能涵盖多大的范围，这在哲学层面上仍存在争议。自然科学家所利用的这一类经验手段是不是我们唯一可利用的方法？或者——如有些理论家所主张的那样——我们对实在的理解是否可以达到更高的层次，不再受制于经验，而是只基于思想和原则，这种思想和原则的有效性可由独立的理性之眼洞穿？康德的首要目的之一便是一劳永逸地平息这些争论。在《纯粹理性批判》中，他力证要获得知识，光凭理性或感官经验中的哪一个都不行，二者都十分重要。在康德看来，对于感官提供的信息，人的心灵有一套先验的模式和概念，它们成为一种基础结构。的确，人的认知必须遵从这一结构，同时，对这些模式和概念的合理运用只能限制在感官领域中，任何人若想依据它们来挖掘处于感官领域之外的真理，那必定是行不通的。根据这一点，康德严格区分自然科学提出的假想和旨在了解事物的超感觉或先验秩序的认知性主张。自然科学的假想可以通过实验和观察得到证实，事物的超感觉或先验秩序则超越了这些实验和观察所涉及的过程。关于先验理论的种种观点属于“教条的”或思辨的形而上学，是一种“陈旧而诡辩的伪科学”，他相信这类主张最终已由他自己证明是无力的、没有根据的。正如他在另一个地方这样说道：“对事物的了解，如果全部基于纯粹的知性或纯粹的理性，那不过是幻觉，真理只存在于经验中。”

康德反对人们追求思辨的形而上学，虽然他的观点非常新颖，极为雄辩，不过大致说来，其观点和先于他的大卫·休谟（1711—1776）早已提出的思想仍有一致性。此外，康德认识到，这些反对意见带来的结果超越了学术研究，这一点和休谟的想法同样类似。几个世纪以来,人们一直努力求证基督教的基本命题,其中最重要的是关于存在以及上帝之本质的命题,而这些反对意见对上述努力显然造成了冲击:康德认为,他的几个批判无疑得出这样的结论,即"就神学来说,纯粹从思辨的角度运用理性的所有努力绝对是徒劳的,如此运用其内在本质也是完全无效的"。即便如此,至于从这些失败的努力中应该得出什么样的教训,两位思想家的观点却有着重要的区别。对于这一领域里的"自然理性的瑕疵",休谟的态度是怀疑和讽刺。对此,他的《人类理解研究》中有一段著名的话。在这段话中,他暗示,任何有理性的人只有"在自己身上连续不断地"感受到"圣迹",才会真心实意地接受基督教的教义。相比之下,康德没有休谟那么盛气凌人,他的反应更为复杂,这表现在他的一个绝非出于讽刺的观点中:为了给信仰留下空间,有必要否定知识。这一多少有些模糊的观点会引出什么样的读解呢?

不管康德在思辨的形而上学中看出了什么样的混乱,我们不应认为他因此就希望彻底铲除超知觉领域这一概念。实际上,他自己提出的"先验的唯心论"可以说就是以超知觉领域为前提的。这种唯心论认为,由能感觉到的表象物体构成的经验世界和经验难以理解的物质的"本体"世界是不同的。他确实认为,关于这一领域,任何理论层面上的**认识**都是不可能的。因此,既然思辨性神学的见解意在使我们看到关于超知觉显而易见的种种真理,它们当然是令人难以接受的。有些人认为,我们有可能清楚地表明这些见解是错误的——这也是令人难以接受的:在此方面,无神论者比有神论者好不到哪里去。这让人感到,康德因此认为他的立场至少可以保护宗教信仰的宗旨,使之不会受到"教条的"批判的攻击。不过,他也相信,他可以采取进一步的行动来为其辩护。这包括把注意力从思辨地或理论地运用理性转移到对理性的实际运用上来，并且对他来说，这意味着考虑关于道德意识的假设。正是在这里，具有实际意义的理性清楚地彰显自己。

启蒙运动的许多作家喜欢采用自然主义方法来研究道德，休谟也提出了这种研究方法相应的心理学版本。从一个角度看，康德的伦理理论提出了另一种研究方法。例如，康德并不接受休谟的观点，这种观点认为一切行为，连同判定它们是否道德的标准，最终必须结合人的激情和欲望来阐释或读解。康德认为，这种方法依据偶然出现的需要和情感来进行道德的抉择和评价，这相当于把这些抉择和评价降低到完全主观的层面，当然会产生变数。然而，如此界定它们的地位又与一个已然确立的观念相冲突，这个观念便是：基本的道德准则是放之四海而皆准的，它约束所有的人，与人们所处的环境无关，也不受制于个人的喜好或癖性。对于道德的客观要求，我们有难以消除的直觉，而这一观点与我们的直觉相冲突，仅仅这一点就足以使之令人难以置信。不过，并不能由此断定，我们应该回到那个当时被遵从的观点，即这些要求之所以正当，是因为它们反映了一个被宣称的事实：它们表达了上帝的意愿，代表了他的命令。至少按传统的理解，这后一种思想与康德的思想格格不入：除了所面临的其他反对意见，它还暗示，个体必须服从一个外在权威的判断和指挥，该个体因而牺牲了作为一个理性行动者应有的自主和独立。在康德看来，正是这种理性的实践构成了道德思维和行动的本质。他并不打算否认，理性在我们的行为中起着次要作用，它只表明我们实现自然欲望和目标所采用的方式。不过，他坚持认为，我们之所以有能力成为一种道德的存在，是因为我们能够抵御"感官"欲望的刺激，决心只服从我们为自己定下的原则。这些原则不是基于经验因素，而是服从纯粹的形式条件，这样它们才可以成为人人都应该遵守的原则——在这个意义上可以说，它们只源于理性，所以凡是理性的行动者，都必须接受这种行为规范。在贯彻（他相信是）这一学说的全部意义时，康德提出了一种理论，这一理论不但将道德主张等同于我们需要绝对服从的义务，而且把后者比作完全超越自然情感和欲望的自主理性的判断。

乍看之下，康德坚持把理性看做道德要求的首要条件，这要求道德自然而然地独立于宗教。它肯定要拒绝以神学为基础的传统伦理观，而不会援引某一神灵的旨意来验证道德规则。不过，还有另一种可能性：道德与宗教的关系可能与一般人所想的正好相反，道德支持宗教信仰，而不是颠覆它。康德便持这样的看法，他认为，某些信念与纯粹理性在实际意义或道德意义上的"利益"密切相关，而这些信念的基本要点就是与超知觉有关的思想，其中之一便是自由的概念。他似乎很清楚：我们认为自己是负责任的道德行动者，其前提是我们有能力作出理性的选择。如果我们的行动完全被自然的因果关系所左右，那么，这种能力就不会为我们所有。不过，如果我们仅仅把自己看做经验世界的一员，在这个世界里（他认为）一切都服从于因果关系，那么这一假定就很难说得通。因此，如果我们采取了道德的立场，我们就要相信，经验的术语无法把握我们存在的某一个方面。对于康德而言，这就意味着把我们自身视为属于本体的或"只能用智力了解的"物质世界，同时也属于感官经验的现象世界。这还不是全部。他认为，道德除了承载意志的自由，还与宗教的基本宗旨有着更为具体的关联。因此，他提出，我们有道德意识，知道自己有义务发扬被他称为 summum bonum 的“最高之善”，也知道与此有关的另一个义务是追求作为个体的道德完善。就第一种义务而言，所提到的善的最终实现是达到一种状态，在这种状态中，快乐被公正地分配到道德的荒漠中。不过，我们——现实中的人和事——显然无法指望只依靠自己就能达到这种状态。不过，既然我们义不容辞要推进它，我们当然会认为，这种状态是可以达到的。而在康德看来，这就需要假定有一种超知觉的力量，它能够保证我们的努力不会白费：正如他在《实践理性批判》中所说的，“我们只有设想存在一个至高的自然推动力，最高之善才有可能在这个世界上实现”；既然这个推动力要“通过知性和意志”来起作用，那它就只能是上帝。同样地，他认为，我们有责任达到道德的完善，不过，个体在充满偶然性的尘世中是绝不能完成这一目标的。因此，他就有必要假定，这种责任要超越尘世的羁绊，通过“无数的进步”来实现这一完善。用宗教的术语来说，就是达到灵魂的不朽。

在提出这些观点时，康德强调只能通过“一种实际的视角”来建立上帝、自由和不朽这些范畴的存在。从纯理论的角度看，我们无法证实也无法反驳它们。换言之，在这里，没有（比如说）科学或数学意义上的那种知识。此外，他不希望人们认为他是在为一种历史信念提供哲学基础，这种信念认为存在着神定的人或超自然事件，人们常常利用这些人或事件来证明其宗教信念。在他看来，我们只能把《圣经》里那些令人难以置信的故事理解为一种寓言，而不能从字面上去理解，应该把它们看成是为基本的道德理想提供了“诱因”。许多启蒙运动的批评家把某些观点说成是“迷信”，在他心里，“为信仰腾出空间”不是为这些观点正名。相反，它指的是“信仰纯粹的实用理性”，它牢牢地建立在道德意识的权威判断中,这才是他努力要正名的;凡低于此,都在考虑之外。

或者说,至少看起来如此。不过,一些读过康德著作的人认为,他的主张似乎暴露了他的意图有些矛盾,其真正的含义尚不明确。因此,他有时肯定乐于声称道德抱负所隐藏的信念“增长”了我们的见识,使我们能够积极地去肯定那些理论研究无法理解的事情。不过,这类主张显然受到他另外的话的限制。按我们的理解,这些话暗示此处提到的信念只具有主观上的意义。当然,这种暗示比较谨慎,也不太确定。即便我们的伦理思考以这些信念为前提,它们也不能因此便具有客观的正确性:伦理观向我们提出什么样的命题是一回事,这些命题是不是真实的又是另一回事。我们如果要接受这种道德观,可能就必须接受这些命题所代表的信念,不过,它们因此而获得的确定性“不是逻辑上的而是道德上的”。的确,他在一些地方明确写道,他想要认同的信仰要求人们接受它的观点,似乎这与意志有关,而与智力无关。这似乎指向关于信仰之地位的另一个大不相同的概念。

人们也许会怀疑,认为康德对这种含糊不清已心知肚明,他意识到了自己思想中的这种不和谐,可无法完满地解决这个问题。不过,无论这种含糊达到怎样的程度,他无疑十分强调某些观点,这些观点对后世在界定宗教信仰的性质和地位这一方面产生了深刻而长远的影响。许多后继者认为,显然康德至少最终消除了有人希望遵循传统的神学观念,并用理性为之辩护这种企图。即便如此,他并不就此满足。他诉诸道德经验的判断,尽管从其他方面看,这种道德经验可能是模糊的、不确定的,有些人仍然认为它提出了一个新的视角,通过这一视角我们可以理解宗教观念和宗教抱负。换言之,原来人们一味从理论上研究宗教信仰在认知上是否正确,现在视角似乎可以转向作为这些信仰之源头的主观意识的本质,后者可以收获更丰,我们也会受益更大。对于这种改变后的观点,据说两位哲学家——约翰·戈特利布·费希特(1762—1814)和弗里德里希·恩斯特·丹尼尔·施莱尔马赫(1768—1834)——有着截然不同的表述。康德强调宗教立场的伦理意义,费希特重申了这一点,不过同时进行了极度的扭曲。他在论文《论我们相信一个普遍的神圣政府的基础》中不厌其烦地批评人们努力证明,出于一个聪明的创造者或天才的想法,才会有这个世界的存在。他认为这是一种误导。上帝是一个"独立的存在物"或是具有人形的力量,这一观念不可思议,我们无法对其进行清晰的逻辑分析,而应该用"道德世界的秩序"这一概念来替代它。作为实际的存在,我们必然归属于这个"道德世界的秩序";身在其中,我们能确定善行肯定会成功,而恶行肯定会失败。并且,我们相信这样一种秩序是道德意识的"基本前提",因而不容争论或验证。和费希特不同的是,施莱尔马赫认为,宗教的源泉无法在自主的伦理观这一范畴内找到,而是存在于一种共有的感觉中,这种感觉依赖于某种神性的实在,它本身是不可知的,概念性思维无法把握它。不过,两位哲学家都同意只表述他们认为对宗教意识来说是非常重要的东西,同意不从理论上证实其假定的目标。不管如何讨论后者,他们反正不会涉足理性探究。

黑格尔的体系

从哲学角度看,这些以主观为中心的方法在多大程度上足以充当与宗教达成妥协的方式呢?一位德国大哲学家认为它们

图 5 格奥尔格·威廉·弗里德里希·黑格尔(1770—1831)。

难当此任。他致力于证明,我们也许可以将基督教的基本信条理解为盛放客观真理的仓库。这位哲学家就是格奥尔格·威廉·弗里德里希·黑格尔(1770—1831)。

黑格尔在学术生涯的一开始就非常关注如何确定宗教信仰的地位。早年未出版的手稿表明,他起先倾向于采取的立场在某些方面与康德类似。因此在开始时他视道德为构建"一切宗教的目标和本质",认为耶稣诠释了康德式的伦理观,这种伦理观最终服从的只有"普遍理性"的自由实践。不过,他同时深深地质疑神学的教条,声称这些教条所包括的观点无法得到理性的证实,并且完全顺从外在的"权威",让人无法接受。黑格尔后来广泛批评了他所称的制度化基督教的"实证性",包括权威教会的学说及行为。他的某些评注者把这一点与启蒙运动的一些反教权主义代表对基督教的特别攻击联系起来。鉴于他对神学的质疑，我们对此并不感到奇怪。不过在重要的方面，这些表面现象具有欺骗性。即便是在这个阶段，他的口吻与其说是超然的讽刺或嘲弄，还不如说是个人不满。随着思想一步步发展，他变得越来越倾向于认为宗教信条创造了人的精神，这种精神需要我们进行审慎而富于同情心的研究——不能仅仅因为它们是出于过时的无知和迷信而创造出来的荒唐之物而将其一笔勾销。在他 1800 年的一份重要手稿的字句中，时间已经"推断出，如今被否定的教理神学其实出于……人之本性的需要，因而是自然的，有必要的"。这里的部分意思是将宗教解释成一种历史现象，它能表现人之心灵在其进化的各个阶段所具有的潜力。不过，人们后来知道，黑格尔对宗教思想史的兴趣并不局限在经验理解和研究上，它进一步涉及另一个方面，该方面的重要性只能放在黑格尔形而上学的框架中去理解。因为在他成熟的著作中，黑格尔开始视宗教为一种意识模式，这一模式早先反映了人对作为一个整体的实在之本质的基本理解，后来才进化到某一程度。此外，他认为，在自己的哲学框架中，他明白易懂地表述了这一基本理解的真正含义，使之最终变得清晰起来。

在克尔凯郭尔的许多著作中，著名的黑格尔"体系"无所不在，因此可以说，这一体系的出现在某种意义上是其作者的宗教思想发展之延伸。不过，若以为黑格尔建构这一体系意在承袭传统，从而在哲学上为宗教学说辩护，那就错了。因为黑格尔认为，按传统观点，这一学说表现了我们思想和知识里所固有的种种对立，他的哲学就是要克服这些对立。要想知道他为什么有此信念，必须大致了解一下他那最终成形的哲学的脉络。

黑格尔的哲学体系和某些我们所熟悉的对我们生存于其中的自然界和社会的理解方式极为不同。在日常生活或常识的层面上,(他认为)我们将自然领域看做是与我们分离的,它完全独立地存在。此外，我们与他人——无论是个体还是集体——的交往是一种纯粹外在的交往,彼此是分离的。在他看来,无论是在理论上还是在实践中,这种倾向都将带来问题。在理论上,世界似乎完全处于我们的认知能力之外。早先的哲学家在描述人的知识能达到什么样的程度时,都被这个问题所困扰。康德一派最近宣称,终极的实在由不可知的"事物本身"构成，它们被一道不可逾越的鸿沟与人类的思想和意识分离开来。这再次彰显了这一困扰。在实践中,人们有时候会感到自己疏离于自己所属的社会,在这个社会中,人们追求不同的目标。黑格尔把这种状况定义为"异化",即出于种种原因,个体认为自己是孤立无援的,完全依赖自我,依靠自己的判断或意志去设计行为准则。这令我们再次想到康德哲学的某些方面,在此即所谓的道德行动者的自主性,这一行动者被描述为最终完全依靠自己的理性本质或"本体"自我的判断。

无论黑格尔对康德的伦理观原先是怎么看的,他后来批评了这一伦理观,认为它重复了在人类经验的不同阶段反复出现的张力和分裂,这些张力和分裂在认知上和道德上产生许多不满和不安。为什么会出现这种情况？如何克服？解决的办法在于借用"绝对精神"或**精神**(Geist)对实在进行阐释。黑格尔认为,我们感到陌生或成为"他者",这事实上是囊括一切的宇宙进程的表现方式，我们参与到这一进程中，它潜在的本质是精神的或心理的。

黑格尔的逻辑理论意在表明，事物最内在的真实——"其本来面目，没有外壳”——可以用思维的普遍范畴来表达，而这种思维是按照“辩证的”必然定律来阐明的。他关于自然和历史的哲学表明，精神本来外化表现为一种无意识的自然领域，后来，在人类意识的发展中，它渐渐实现其基本的特色。这出现在两个层面。在实践的层面上，它表现在交替出现的历史社会中，促使一类由理性控制的社区出现，个体可以在主观上认同该社区的客观体制，乐于接受其道德要求——对于它强加给自己的一套套规则和义务，个体会认为全都符合自己作为一个自由而理性的存在和一个追求完满的行动者的基本利益。在思辨的层面上，这个世界被视为心灵的产物，我们的思维方式反映了它的基本结构：用黑格尔的话说，它是“知识之目标……使与我们对立的客观世界不再显得陌生，并且正如有人所言，使我们在其中找到栖居之处；亦即，将客观世界回溯到观念那里——回溯到最本真的自我”。这就是说，对我们而言，现实不再是无法缩减的、独立于我们的外部事物，而通过人的意识这一媒介，精神将获得对自身完全而令人满意的理解。

的确，黑格尔暗示，他的哲学已经获得了这种理想的完满。除此之外，他还表述了人的思维以何种方式穿过一系列的不完整、不充分，逐渐接近被他称为“绝对知识”的层次。在这个过程中，他相信自己已经成功地揭示了宗教内在的或隐蔽的含义。不断进化的宗教观念可以说表现了人对这个世界的精神意义不断发展的洞察，这种洞察在基督教中获得了其最高形式——“绝对宗教”。不过，在他看来，上述洞察是通过比喻或神话来表达的，认识到这一点很重要。如果照字面理解，或者光看其表面价值，宗教信条不仅在理性上无法接受，而且容易导致极端的误解。例如，上帝是一种先验的存在，人类对他的依赖关系是外在的。在神学层面上，这反映了一种思维模式，而黑格尔的方法很明确，就是要取而代之。这种思维模式和一种历史观有联系，黑格尔在《精神现象学》中把这种历史观称为"不快意识"，它具体表现在潜在性这一非尘世的"彼处"，人类作为承载精神的工具，注定要在现世的存在层面实现这些潜在性。他的目的当然不是为这些思想正名，更不是为其辩护。另一方面，如果要正确理解宗教信仰，那就是它形象地表达了黑格尔在自己的理论中用概念表述和证实的命题：如此，基督教关于堕落和随后通过基督道成肉身而获得拯救的学说，就可以与黑格尔的观点不谋而合，即精神通过他所说的方式克服内在的分裂，最终回归自我，通过人达到绝对的完满，也了解了自己的本质。据此看来，基督教无论是在实践意义还是在其他意义上，都不是——或不仅仅是——一种主观信仰。若能正确看待基督教，那么其内容在理性上是可以接受的，在客观上也是有根据的。因此，它显然最终在黑格尔的哲学体系这一好客的大院里找到了可靠的安身之处。理性和宗教达成了和解。

可代价是什么呢？主张基督教的内容和黑格尔主义的内容是一样的，这又意味着什么呢？这位大师有一些更为激进的追随者，被称为青年黑格尔派。他们勇担重任，探究自己所认为的上述主张的真正含义。大卫·弗里德里希·施特劳斯（1808—1874）的《耶稣传》（1835）影响极大，该书评述了福音书里的故事。作者认为，我们必须恰当地关注"古代世界以及那个时代人们的精神"，以此来评价这些故事。思想只能通过具体的和准历史的形式来表达其基本观点，于是有了"神—人"这一形象，它神秘地融合了神性和人性。不过，如果从哲学这一更高的立场来观察，并且同时剥掉基督教神话的表饰，则基督教关于上帝

图6 《基督祝福孩子们》，充满慈爱的基督像。神学的秘密最终被证明是人类学。

道成肉身的教义就可以被视为象征了精神和自然的合二为一，这种结合在作为整体的人类这一物种的生活和演化中得到表现。如此，困扰传统宗教信仰教义的二元论，即上帝和人属于不同的存在领域，必须被新观念所取代，即“神之本质”仅在人身上就可以实现。上帝和人实际是一体。由此，我们很容易就可以得到这样的论断——路德维希·费尔巴哈（1804—1872）明确地发展了它：宗教里的上帝不过外化了人自己的本质和基本特性，这种外化的形式是想象的、理想化的。说神威居于世界之上，要求世人的崇拜和服从，这是一种幻觉，一个“人类心灵之梦”；说到底，人对上帝的了解不过是他对自己的了解。因此，黑格尔派想用理性去证实宗教的种种观念的抱负，在一种要求切实取代这些观念的理论那里达到了顶峰。正如费尔巴哈本人曾简洁概括的，神学的秘密最终被证明是人类学。

第三章

一个时代的不道德性

对上一章所描述的哲学的发展，克尔凯郭尔的反应是复杂的。正如他在不同的著作里非常明确地表明的，他非常赞赏康德全然反对通过理论方法论证基督正教的基本教义。另一方面，康德的批判性哲学留下了一些问题，对解决这些问题的种种努力，他似乎又难以接受。因为这些努力实际上是在以这样或那样的方式竭力证实基督教信仰的合理性。从好的方面讲，这种合理性涉及基督教信仰的虚弱；在最坏的情况下，则涉及它的完全转化。

实际上，对于康德最初的信念，即宗教信仰不是一个知识的问题，而是一个信念的问题，克尔凯郭尔绝非不赞同。之后，他以自己的方式大量地探讨康德的这一观点。不过，还有另一点——康德自己一直是这样做的——要说明一下，即通过利用理性的伦理力量，可以多少回避理论的或认知的理性的局限。与"实践理性的基本原理"一样，信仰上帝和相信个人的不朽必须以道德意识为前提——这一观点相当于把道德而不是宗教当做人类关注的中心话题；此外，正是从这一见解得出的推论使基督教的历史方面有可能被大大地边缘化。由于黑格尔哲学立志要表明，对宗教可以进行这样的诠释，即它归根结底是客观真理的仓库。如此一来,上面提到的这些难题(如果是难题的话)不仅远远没有得到解决,反而变得更为严重。宗教观念应被解释成在人类思维的原始和神话阶段所表述的东西,其潜在的意义有待一个包罗万象的形而上学体系把它们放到自己的基本框架中去明确表述——这一观点可能已经得到许多当代神学家的接受。不过,在克尔凯郭尔眼里,这实际上意味着对基督教要义的极端修正,最终是要用另一套完全不同的准则去取代它。如此,无论黑格尔如何表白他的意图,我们至少感到,与那些对黑格尔思想的基本要义持欢迎态度、认为它从理性上证实了传统教义的人们相比,青年黑格尔派更具洞察力,更能把握黑格尔思想的基本要义。乍看之下,形而上学的唯心论和人本主义的无神论有天壤之别,不过,如果用黑格尔对绝对精神神秘而隐晦的暗示来取代对人类具体活动的指称,那么二者之间的相互转化并不难看出来。

即便如此,丹麦还是有一些诡辩的思想家——马滕森就是其中之一,他曾是克尔凯郭尔的导师——对"最新的德国哲学"印象深刻,认为基督正教对这种哲学的隐含意义无须惧怕。在他们看来,这种哲学根本不会威胁到宗教所坚持的原理,相反,只要运用黑格尔体系的范畴作为媒介,就可以表明这些原理如何能够完好无损地保存下来,并且能够完全符合理性的要求。不过问题来了,比如这种极端的误解是如何产生的?又是如何广泛流行的?答案部分在于无法理解这一体系本身的结构,部分在于无法认识到恰当理解的基督教包括哪些内容。这两个"无法"的原因又在于人们普遍无法把握在克尔凯郭尔看来具有更为根本的意义、由此也是需要优先考虑的问题。用他自己的话说,那就是:

图 7 伊曼努尔·康德(1724—1804)。

我最主要的想法是，在我们这个时代，知识大大增加，我们因而忘了**存在**是什么意思，也忘了**内在性**意味着什么，由此思辨哲学和基督教之间的误解便可以得到解释。现在，为了不至于太过匆忙地接近宗教的存在模式，我决心尽可能回溯，对宗教具体的存在模式不置一词……如果人们已经忘了存在在宗教中是什么意义，他们当然也就忘了作为人的存在是什么意义。因此，这一点必须阐明。不过，最重要的是，不能教条行事，因为这样一来，这种误解立刻在新的误解中努力解释自己，似乎存在就是为了了解这个或那个。

(《附言》第 223 页)

图 8　腹语者。克尔凯郭尔声言一种“腹语术”已经产生；人们奔向一个观念与学说的非个性化世界以寻求庇护，却不愿直面事实，为自己的生活、性格以及观点负起最终责任。

如果有人声称，人们有可能忘记存在是什么意思，乍一听我们想必会大惑不解，似乎存在是这样一种东西，我们可以清楚地说出自己是否加入到其中或亲身经历过它，就像游泳或头疼一样。一点没错，近来，克尔凯郭尔许多存在主义的追随者并不反对讨论这一看法，而这些讨论方式又很容易引起情理之中的困惑。不过，在当前这种背景下，他所说的没有什么会引起逻辑上的不安。相对而言，克尔凯郭尔的观点很清楚，他相信同时代的大多数人倾向于用某种方式思考自己，也以这种方式行事度日，而他的观点就是关注这种方式。他由此认为，这些人屈从于一种冷漠的、没有个性的意识模式，这种模式阻碍自然的情感，对自我身份缺乏安全感。他们喜欢用"抽象的"术语把一切看做理论上的可能性，他们考虑这些可能性，却不愿倾注心力于这些可能性的具体实现。如果说他们关注自己的态度或情感，那也是通过伪科学的表述或充满陈词滥调的话语这一层浓雾，这些都是从书本或报纸里学来的，而非直接源于内在经验的灵光。生活已经变得与认知有关，而与行动无关；它积累信息，死记硬背地学习，而非经由个人的激情或信仰来作出决定。这就形成一种观念，这种观念只通过固定的反应和机械的反馈来了解一切；人们知道他们应该说什么，但对自己所用的词汇不再赋予任何真正的意义。对此，克尔凯郭尔在《文学评论》中写了一篇相当长的文章，题目是《当今时代》，他说：

> 事实上，一切事情都有指导手册，很快全世界的教育都将意味着背诵更多或较少的评注，人们是否优秀，将看他们挑选不同事实的本领有多大，这种挑选就像印刷工挑选字母一样，完全不在乎其意义。

（《当今时代》第 88—89 页）

而且，伴随这些趋势的是另一种倾向，即人们认同难以确定的抽象术语如"人性"或"公众"，由此不再对自己的所思和所言负有个人的责任。大致说来，数量给人以安全感："人人都有自己的见解，不过为了得到一种见解，他们不得不在数量上结合起来。"（《当今时代》第 91 页）在实际行为这一层面上多少也有类似的看法。人们喜欢说自己是"按原则"办事，不过他们倾向于认为自己所说的原则来自纯粹外在的或客观的权威，与行动者本人的喜好或关切无关，所以，我们可以"'按原则'做任何事情，并且逃避一切个人责任"（《当今时代》第 85 页）。克尔凯郭尔在其他地方说过，"没人，没有一个人，敢说**我**"；相反，"腹语术[①]" 变成了一种严格规定——普通人成为公共意见的传声筒，教授成为理论假设的传声筒，牧师成为宗教思考的传声筒。所有人都以不同方式成为抽象概念的奴隶，他们视这些概念为独立存在的现实。他们不愿面对这一事实，即人人最终都应对自己的生活、品性和观念负责，相反，他们躲入具体化的观念和信条这一剥夺个性的领地里。

克尔凯郭尔批判这些公开宣称的倾向，认为它们构成了"这个时代具体的不道德性"——他设想自己任务的独特方式就应该放到这样的背景下去考察。他不厌其烦地一再重复，这一时期的思考是缺乏激情的，理解是孤立的。不过，如果因此认为他反对这样的客观研究——有时他就受到这样的批评——那是错误的。通过协作有条不紊地追求客观知识，只要这种追

①一种发声的技巧，声音仿佛来自它处，如来自木偶。——译注

求不超过适当范围就完全合理，如历史学和自然科学中的情形。不过，如果人们利用适合这些学科的方法去研究不真正适用它们的领域，就会出现迷惑和自欺。因为这样一来，他们便看不到自己是独特的个体，只会满足于接受一种沉思性或观察性思维，在这种思维方式下，一切都受制于集体观念那平淡的一般原则和呆板的一般概念。真正属于个人经验和个人复杂状况的因素会因此变成"再现的观念"这种外在的二维背景，人类活动被归入泛泛而谈的概念，这些概念取消了它们的内在价值；并且，这些活动涉及行动者，它们从主观上所应有的意义因而也遭到剥夺。对这种情况，(克尔凯郭尔指出)我们可以打个比方：一个人想在丹麦旅行，他查看一张小比例的欧洲地图，地图只告诉他丹麦在这个世界的何处，周围是些什么地方，对他的目的却没有任何帮助。这种社会思潮不仅影响了现在人们对道德的态度，而且还影响了人们对宗教采取的态度。在日常意识和行动这一层面上，宗教信仰纯粹是名义上的、抽象的，与实际选择的具体背景无关，而正是这种选择赋予了宗教信仰以生机和意义；在哲学家和神学家手里，这些信仰则被转换成理论思辨的语言，人们似乎认为它们符合客观构建的真理之标准，这些标准超越了主观的需求，也超越了个人的观点。

那么，如何应对这些误解呢？最自然的办法就是直截了当地、详尽充分地纠正某些错误的信念和设想。不过就眼前这种情况而言，克尔凯郭尔认为，要是采用这种方法，就有可能忽略真正要讨论的问题。当然，如果这个问题只涉及对纯理论的观点或命题的追问，那么这种方法是可行的。然而，现在的关键所在不是某一套具体的认知观念，而是更基本的问题。确切地说，这是一种非常普遍的看待事物的方式，其根源在于对生活的一种态度，这种态度认为，仅仅是理性的争论会使一个人远离生活。至少，人们首先需要认识到，“对你、我和他，对每个人自己而言，成为一个人意味着”什么，这就要引导他们通过诉诸自己的内在经验，认识到是什么样的观念促使他们选择某一生活方式，以及这种生活方式所施加的限制。要想如此扩大个人对自我的理解，提高其有判断力的自我意识，用抽象的指导或有益的规训进行教育是办不到的：不过可以借助想象的方式进入他或她的观点，通过移情作用引出其感情基础和实际含义，同时，表明它们和其他观点或方法所暗含的感情基础和实际含义有何不同。他称这种受苏格拉底启发的方法为“间接交流”。利用这种方法，并且丝毫不带“客观的”交流模式中经常出现的说教，他希望能使读者更清楚地认识自己的处境和动机。换言之，他的目的不是像学校校长或学究式的教师那样增加他们的理论知识，也不打算像高高在上的权威那样，以专制的方式“强迫一个人去接受一种意见、一种观念、一种信仰”。相反，他想“从背后”接近人们，诱导他们进入一个立场，使他们经由内在的思索，退后一步，作出重大选择：是留在原处，还是进行根本的改变。无论如何，他们作为个体的这种自由和自主都必须得到尊重；一旦他们看清并深刻理解相互对立的生活观包含了什么样的意义，最终就还是要由他们来决定采取什么行动，走什么样的路。但要做到这一点，一个根本的前提是他们必须清楚自己立场的本质和局限性。正如克尔凯郭尔所竭力强调的，特别执着于某一观念的人们尤其容易自欺欺人，用符合此种观念的方式来阐释呈现在面前的一切，认为除此之外别无选择。

克尔凯郭尔认为，正是出于这样的设想，他进入了自己创作的起始阶段，他所谓的“美学”著述便可归入这一阶段。不过在这里要作一番提醒。《吾书之观点》(1859)在他去世后出版，他在此书中回顾了自己写作的目的。从他所说来看，自始至终，他似乎一直受到一种具体的宗教兴趣的指引;他的主要目标一直是为人们扫除他们是基督徒这一幻觉，至少在当时那个阶段，他主要把这种幻觉和人们对被他称为“审美”的生活模式的接受联系在一起。用他自己的话说，“这种幻觉绝不能直接摧毁，只能通过间接的方法才能彻底除掉它”(《吾书之观点》第24页)。不过，我们并不清楚，他在上文所说的是否确切地反映了他更早时候的考虑;人们有理由怀疑，他后来认为自己担负神佑之使命，“像个服务于更高层次的间谍”，这可能并没有促使他过于简单化，甚至扭曲他最初所关注的东西。批评家们一直没有忽略这一点，我们也还要回到这一点。不过首先，我们必须看一看其他一些相关研究的真实内容，过后再讨论这一点在他的思想发展过程中的真正地位。

第四章
存在的模式

毋庸置疑，克尔凯郭尔所有早期的“美学”著作——《非此即彼》、《重复》、《恐惧与颤栗》和《人生道路的各个阶段》——都例证了他极为重视的“间接”方法。这些作品不仅开始展现对立的观点和生活方式，并且这种展现富于想象或“诗意”，其目的在于从内部说明：从这些角度加以观照，生活会是什么样子。他让读者进入这些迥然相异的梦幻世界，有如进入小说或戏剧中人物的内心世界，令他们感同身受。的确，虚构的类比符合克尔凯郭尔的个性，不仅在于想象这一点，还在于他从来不向读者直接表白。他发表作品总是用不同的笔名，似乎在利用笔名这样的面具，利用飘忽不定的伪装来与他的笔名或他所塑的人物所赞同的观点保持距离，当然，这种距离有时是不诚实的。这种做法有双重目的：用一种令读者感到亲切的方式来表述完全不同的人生观所独有的特性和实质，同时，让读者根据自己所接受到的内容得出结论——这样，不同的观点便有机会“为自己辩护”，外界不会在它们之间进行武断的评判或臆断。

这些不同的生活观体现为什么样的形式呢？克尔凯郭尔区别了存在的三种基本模式或“范畴”：审美的、伦理的和宗教的。虽然克尔凯郭尔在上面提到的作品中用不同的方式提及了这三种模式，不过，审美模式和伦理模式的区别在《非此即彼》中表述得最为清晰，而伦理模式和宗教模式的不同在《恐惧与颤栗》里说明得最清楚，由此，我们可以重点关注他后期的著作。即便如此，在某些方面，克尔凯郭尔提出的三种范畴还是令人迷惑，让人觉得它们涵盖广泛；在内容上，尽管他喜欢以虚表实，但这些范畴更具自传色彩。每一范畴所包含的见解丰富多样，不但反映了他对当时文化潮流的理解，而且体现了他个人历史和成长的复杂特点；实际上，有些素材就是直接来自他自己的日记。因此，人们常常可以看出他求学时代——包括与他和父亲的矛盾关系相关——的心理困惑和艰难抉择，还可以看出他取消和雷吉娜·奥尔森的婚约后情感遭受的创伤。克尔凯郭尔拐弯抹角提到两人的分手，是想让雷吉娜去读，去理解。书里有些地方因此十分做作，这激起他在当代的一些追随者的同情，不过，比较挑剔的评论家对此反应则更为冷静。不管怎样，这种自传痕迹还是提供了丰富的信息，让读者了解他是怎样看待这些不同观点之间的联系的。

审美模式和伦理模式

无论从什么标准看，《非此即彼》都是一部非凡的作品，初版时读者的着迷与困惑并不奇怪。书中的审美观和伦理观是通过一组组经过编辑的论文和书信展示出来的。论文的作者被称为“A”，主要阐述审美观点，而写信人被称为“B”，比论文作者年长，是伦理部分的主角，他的信是写给 A 的。虚构的编辑告诉读者，B 的职业是法官。乍一看，A 的论文文体五花八门，令人眼花缭乱，谈论的话题彼此不大相干，从散乱的格言警句和个人经验到对悲剧（《安提戈涅》）、歌剧和性欲（莫扎特的歌剧

《唐·乔万尼》)以及对歌德创作的浮士德传说的思考和讨论,这些似乎刻意要让读者感到一头雾水。论文结尾是一段冗长的日记,这一段陈述编排仔细,精心引诱读者;最后这一点(克尔凯郭尔后来自嘲说)可能就是这本书最初获得成功的原因之一。本书的这一部分话题散乱,缺乏明确的思路,和第二部分形成鲜明的对比,这也许意在映射 A 的观点本身有问题。B 写了两封很长的信,言辞冷静,字斟句酌,让人感到他是要印衬那位收信人颇为自得的、浮夸的"才智"。同时,法官对 A 的观点进行了各种批评,通过这些批评,他的两封信阐明了克尔凯郭尔用"审美的"和"伦理的"这两个术语来界定相互对立的观点和生活方式,其用意何在。在某种程度上,这种用意体现于那篇讨论婚姻意义的长篇论文,而婚姻的意义也是第一封信的主题。不过,克尔凯郭尔所考虑的东西却是在 B 的第二封信,即著名的《论审美模式和伦理模式在人格构成中的平衡》中得到了全面而广泛的阐述。

对于审美模式和伦理模式的不同,有些人从我们更为熟知的、相互对立的理论——比如享乐主义和传统的道德观,或者康德关于感官的追求和理性的律令的区分——来读解。当然,二者在法官的许多话中都有涉及。不过,《平衡》[1]仍是一篇内涵丰富、内容复杂的作品,它包含了众多的思想,这些思想有时互相混淆,纠缠在一起。因此,这种简单的二分法至多为读者提供了一种并不到位的引导。虽然法官在那封信的开头声称,审美的生活方式,其主要着眼点和目标存在于享乐中,然而,读者很

①指《论审美模式和伦理模式在人格构成中的平衡》,下同。——编注

快会发现，这一说法绝非全面，也绝非详尽。克尔凯郭尔思维活跃，在某些方面甚至异于常人，他理解的“唯美主义”形式丰富多彩，在诡辩和自我意识的不同层面中有不同的表现；它超越了对纯粹快乐的追求，向不同的方向延伸。毫无疑问，他对唯美主义的见解与其说令人想起和 18 世纪许多哲学著述有关的、十分世俗的享乐主义，还不如说更为接近 19 世纪的浪漫主义人生观。他对“伦理模式”的理解也与此相似。这里无疑谈到了明确的责任和义务是重要的。不过，如果认为克尔凯郭尔的全部思想可以简化为仅仅是奉行社会所认可的准则，或者简化为康德式的、对纯粹实践理性的尊敬，那便是曲解了他。真相不仅比这些狭隘的读解所得出的结论更为复杂，更为隐晦，而且和他的观点所包含的更为深远的寓意有着重要关系。

让我们从审美个体开始，更仔细地思考这一问题。尽管克尔凯郭尔明确表示，在《非此即彼》中“没有说教”（《附言》第 228 页），但是，他是否并非仅仅在展示两种对立的观点，让读者自己决定最终偏向哪一种，这一点仍有争论。其一，书中的伦理学家发言在后，其观点一锤定音。其二，我们感到，B 基本上很清楚 A 的观点；他抓住了这种观点背后的动机，因而能够用解构的方式评判它。如此，随着法官的进一步阐述，我们清楚知道此人的状况在某些重要方面被他视为病态，其中的两方面尤其突出，并相互关联。

首先，以审美模式生活的人无法真正控制自己或自己的处境。他的生活状态是典型的**漫无目的**（ins Blaue hinein）。他只“为眼前”而活，总是通过享受、兴奋、兴趣去打发每个瞬间。他不会献身于任何永恒或清晰的东西，而是消失在感官的“即时”中，此时他可能做一件事或想一件事，彼时他又反其道而行之。

因此，他的生活没有“延续”，缺乏稳定性或核心，随兴而变，视情况而变，就“像巫师的文字，看这一面是一种意思，翻到另一面，又是另一种意思”。即便如此，我们也不能因此断言，这样的人仅仅受制于冲动，一向如此，肯定如此；相反，他有可能喜爱沉思，像那个日记包含在 A 的论文中的勾引者一样会算计。不过，如果他真有长远的目标，或决定按某些格言行事，这也完全是一种“实验的”精神：只要这个想法还有吸引力，他就会继续下去，一旦疲倦了或厌烦了，或出现其他更诱人的可能性，他便会弃之而去，这种可能性永远存在；实际上，在实践中，这种“异常活跃的实验”可以被视为类似于理论上的诡辩。因为，不管如何变化，我们仍然可以把生活看做充满可能性的——这些可能性可以考虑或尝试，而不是把生活看做要实现的方案，或要推进的目标。

法官相信，对于审美观点来说，这些态度特别典型，揭示了该观点根本上的不足之处。他指出，唯美主义者“从外部期待一切”；这样的人对世界的理解基本上是被动的，因为他是否感到满意最终要看不受其意志控制的条件是否出现或得到满足。这种屈从于偶然性、“意外事件”，这种逆来顺受，可能表现为各种形式。有时，它依赖于“外部的”因素，如财物或权力，甚至另一个人的青睐；不过，它也可能涉及对于个人来说是内在的东西，如健康或体貌。问题在于，在所有这一类的例子中，人完全受制于环境，受制于“可能是这样，可能不是这样”。他的生活方式与那些很难确定或必然会消失的东西紧密相连，他的意志从来无法保证自己能获得或保留这些东西，甚至哪怕得到了，也无法保证自己能一直享用。一旦这些东西令他失望——这最终极有可能发生——那么，对他来说，存在的意义就消失了。至少他会暂时觉得,自己被剥夺了赖以活下去的、有价值的东西。克尔凯郭尔在另一个地方说,持这种观点的人认为,自我是"一个可以随意赠予他人的东西,就像一个孩子的'我',它意味着:好运、倒霉、命运"(《致死的疾病》第51页)。因此,审美的个体具有这样的特点:他不会努力使生活具有连贯性,对当下的自己和自己应该成为怎样的人没有始终如一的观念,他的生活也没有植根于此;相反,他让"随意发生的事情"掌控自己,主导自己的行为。他的内心思索可以说明这一点,并且当这种思索出现时,可能在这个人身上引起挥之不去的绝望。他的全部生活——只是一般而言,并非具体指哪一方面——可以说是建立在一种不确定的偏见上面,因此没有意义。不过,这导向审美观另一个非常重要的方面。关于这一方面,法官有许多话要说。

现在可以指出,这种自我意识可能被压抑或忽视,或者,它的真正意义至少在不知不觉中被回避了。实际上,如果这个审美个体认识到一种"更高级"的存在形式是绝对必要的,他就必然会对生活及其根基感到绝望。然而,他所不愿迈出的正是这通向伦理存在的关键一步。他深陷于自己的生活模式和思维,不愿努力去解放自己,而是想方设法逃避真相对他的影响。有时,这表现为一个人通过各种活动去克服或消除内心的不满足感,如浮士德便采用一种"有魔力"的形式。然而,一个"受人尊敬的"实业家也会有类似的表现,以非常顽固的态度从事自己的事业。不过,可以想见,还有一种更为隐蔽的形式。因为存在着克尔凯郭尔曾经所称的"知识和意志的辩证互动",这使得我们很难看清一个人到底是在有意识地努力摆脱他所认识到的(不管其认识多么模糊)困境,还是他认为自己的困境似乎排除了全部关于基本选择和变化的观念,即他对此完全无能为力。

这第二种可能性也许会成为现实。

由此，一个人经过对审美观念进行异常地修正，会将悲伤而不是快乐视为“生活的意义”。他想，至少这是自己无法被剥夺的东西，由此，他感到一种不合常态的满足。他可能认为自己注定要悲伤，命定要悲伤。他的存在、他的感觉、他的观点，这些都无情地遵循事物的本质。由此，他把自己的不快乐归咎于个性和所处环境中那些无法改变的东西：他“多愁善感”，或其他人不善待他。或者，他可能夸大自己在这个世界上的处境和命运，例如声称自己是“不幸的人”，是个“悲剧性英雄”。此外，他还可能更笼统地将自己说成一个浪漫的**厌世者**（Weltschmerz），带着大彻大悟的悲观者的口吻，认为实际的决定这类问题不可能具有什么终极的意义，以此自慰；不管他做什么，都会以懊悔而告终。在所有这些思想中，他有可能找到虚假的宁静，甚至可以找到平静的骄傲。因为这些思想的最终要点是“不折不扣的宿命论，它总带有某些魅力”（《非此即彼》ii，第 241 页）；个人接受宿命的或决定论的观点，对自己的处境巧妙地推卸责任，为自己在这种处境下的消极无为进行开脱。不过，这也仅仅是一种托辞，一种掩饰，在其背后是他没有说出口的决心，即决心置身某一阶段，只要愿意他又可以自由离开。

总而言之，克尔凯郭尔对唯美主义的分析带着微妙的心理色彩，他尤其关注那些难以一言而蔽之的细节，这里只能提出这些细节中最重要的主题。我已经表明，他对基本范畴的运用非常灵活，这使得他可以指出毫不相关的现象之间出人意料的联系，非常具有启发意义。但即便如此，有时他对范畴的延伸也有可能模糊它们的明确意义。如果《平衡》的某个读者有时想知道，只要利用一点点机智，我们是不是可以把一切都解释为“审美地生活”,如果他想不通这一点,那是可以理解的。这还不是克尔凯郭尔的模糊范畴引发的唯一问题,因为我们并非总是很清楚,在谈到审美意识的时候,克尔凯郭尔是在泛泛而论,还是联系到自己那个时代和文化的具体表现。不过,毫无疑问,他认为自己谈到了很多同时代的思潮和行为。例如,他曾明白地说明“审美的沉思”无法“深刻地、真诚地行使意志力”,“所有年轻的德国人和法国人都在悲叹”这种病态(《非此即彼》ii,第193页)。法官对某些典型的审美观的陈述,和克尔凯郭尔后来在《当今时代》和其他地方对他那个时代流行的社会思潮中所包含的其他倾向所作的批评,这二者之间也可看出类似之处。这些倾向包括:沉迷于“外表的”、外在的东西;对个人身份和责任没有清晰的认识;心安理得地接受宿命论神话,不愿接受认真而实际的承诺;以世故的超然这一面具掩盖无所不在的冷漠这一风气。我们会发现,这些责难和他后来考察黑格尔的形而上学对同时代的吸引力和影响不无关系。

不过,要是无条件地把克尔凯郭尔在写作《非此即彼》时对黑格尔的看法等同于他后来在反对黑格尔“体系”的论辩中所表达的看法,那是错误的。诚然,正如《非此即彼》这一书名所表明的,本书的部分目的在于反对黑格尔的以下观点:意识的独特形式以辩证的必然顺序相互跟随;相互矛盾的观点在普遍的心灵或精神依次展开的更高层次上实现和解。在克尔凯郭尔看来,从一种存在模式过渡到另一种存在模式遵照的是完全不同的形式。这只能依靠个人在不同的选择中作出不受限制的、无法回头的决定才能达到;并且,必须把这些选择视为互不相容的,而不能根据某种高高在上的理论把它们看做最终是可以协调或“调解”的。不过,尽管考虑到这些因素,《平衡》中显露出来的伦理领域的面貌并没有完全摆脱黑格尔哲学的影子。首先，从审美模式通向伦理模式的途径被看做一个渐进的精神运动。出现危机的审美意识至少“呼唤着”接纳一种新的生活方式，哪怕这不是当事的个人想着手解决的问题。法官所用的术语带着明显的黑格尔的痕迹，他说，“人的生命迎来这一时刻，可以说，他的即时性臻于成熟，精神要求更高的形式，在这种形式中，它将让人领悟到它是精神”(《非此即彼》ii，第193页)。我们进而得知，伦理模式与其说是“废除审美模式”，不如说是“改造”它——这句话和克尔凯郭尔关于调解的泛泛之论相符合，当然这种吻合有些不太自然。不过，法官在伦理层面上讨论了

图9 命运之轮。作为伦理存在的个体并不受制于偶然因素与命运等外部环境之力。

个体和普遍性的关系，正是在这里我们最清楚黑格尔所起到的背景作用。

在关键的方面，关于伦理观点的陈述似乎毫不妥协地集中在个体上。个性是“绝对的”，它“既是目的，也是意图”；在描述伦理模式之特点的出现和发展时，法官把“选择自我”视为基本概念，这进而与自我认知、自我认同、自我实现紧密相关。伦理模式的主体把自我看做一个“目标”，一种“设定的任务”。他和唯美主义者不同，唯美主义者一直全神贯注于外在的东西，而他的注意力则指向自己的本质，即他作为一个人这一坚实的实在拥有某种才能、爱好和激情，他总是有力量去安排、掌控和培养它们。因此，可以说，他有意识地、刻意地承担对自己的责任。和唯美主义者不同，他并不把个人的特征和性格当做不可改变的、必须温顺服从的事实；相反，他视之为一种挑战——他的自我认知不“仅仅是一种意图”，而是“对自己的反思，这种反思本身就是一种行动”（《非此即彼》ii，第263页）。而且，通过这种内在的理解和批判性的自我挖掘，一个人不但会认识到他在经验上是什么，而且认识到他真正想成为什么。因此，法官提到“理想的自我”，这是“他不得不为自己构想的自画像”。换言之，伦理模式中的自我，其生活和行为必须是融合的，对自我的明确理解指引它们，这种理解基于他清楚地了解自己的潜力。无论世事如何变迁，命运如何多舛，这种理解都不为之所动。他和我们看到的唯美主义者不一样，唯美主义者对发生在自己身上的一切无能为力，而他不会屈从于外在环境和无法预知的偶然性的专横制约。

从他采取的立场看，人生的成败也不能用他是否已经达到在这个世界上的目标来衡量。具有最终意义的是他完全认同这

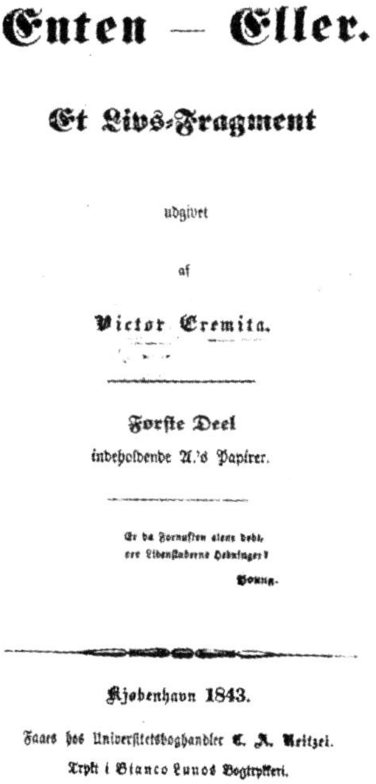
Enten — Eller.

Et Livs-Fragment

udgivet

af

Victor Eremita.

Forste Deel
indeholdende A.'s Papirer.

Er da Fornuften alene døbt,
ere Lidenskaberne Hedninger?
Young.

Kjøbenhavn 1843.

Faaes hos Universitetsboghandler C. A. Reitzel.
Trykt i Bianco Lunos Bogtrykkeri.

图 10 克尔凯郭尔《非此即彼》原著首页。

些目标;与此相关的是做事的精神、追求目标的热情和真诚,而不是其行动产生的、看得见摸得着的结果。

在所有这一切当中有一个熟悉的音调,它在某些方面表现为关于自我决定之经典学说的延伸,这种经典学说可以追溯到斯多葛学派,甚至更远。不过,它和康德所提出的更为近代的思想也有着重要的共同点。我们已经指出,康德强调道德意识的自由和独立,即个人服从于其本性的要求,这一本性是一个独立自主的、自我导引的人所拥有的本性。而且,康德哲学的一个中心要点是只从行动者的意志程度来衡量道德价值;这里强调的是他行动的意图,是他想做什么,而不是看他是否实现了自己所设定或想象的目标。克尔凯郭尔自己对道德观点的陈述虽说不上夸大，但也反映了这两个特点。不过，他的陈述——至少在目前来看——可能令读者感到并不充分，哪怕仅仅是因为这一陈述在解释伦理生活时没有顾及其具体内容。原因在于，如果说一个以这种方式生活的人肯定会承认具体的规范和价值观，这些规范和价值观在他看来既适用于他人也适用于自己，理当获得普遍的认同和接受，那么这值得商榷。的确，B 自己迫不及待地强调这一点。因此，法官当然不厌其烦地否认每个人都有权依照自己的个人品味和性情来诠释这一伦理观所包含的"更高形式"：这样的看法带有"经验主义"的意味，它可被归于某种浪漫主义，属于审美范畴，不属于伦理范畴。伦理的基本范畴是"善恶"和"义务"；人们提及时，似乎它们拥有一个所有使用它们的人都同意的意义。想到这一点，我们有理由肯定，伦理模式的个体"以自己的生活表达普遍的真理"。不过，果真如此的话，它在多大程度上可以和上面阐释的、不可妥协的自我中心理论达到调和呢？这似乎表明，这样一个人的价值观最终只能来源于他自己：如果他反而承认存在着社会认可的有约束力的义务，难道不是在放弃自己的基本独立，因而又一次屈从于表面的、外在的东西吗？

对于这个显而易见的难题，康德自己的实践理性学说可能已被援引来提供解答。根据这一学说，道德主体努力与自愿接受的原则达成妥协，这些原则通过了康德的"绝对命令"——人的行动准则可以"通过意志力成为普遍规则"——中所体现的连贯性的检验。对于"理性的本性"而言，尊重这种连贯性是内在的；对道德行为者来说，这一"理性的本性"是所有人通常都具有的。因此，可以认为，如果伦理模式的个体要表达 B 所说的"其内在的本性"，那么用符合所提到的要求的规则来约束他的行为就够了，这可以保证上述规则得到普遍的接受。不过，法官是否希望认可如此严格而正式的陈述，我们还很不清楚。并且，《平衡》中实际表达的内容所指向的是黑格尔而不是康德研究这一问题的方法。此外，黑格尔还批评康德的道德标准过于抽象，无法提供明确的指导；批评它只要在决定其普遍的运用时没有产生矛盾，这一标准似乎对任何原则都说得通，连最不道德的原则也不例外。相反，我们应该认识到，道德义务"植根于公民生活这一沃土中"。换言之，只有真实社会中的实践和制度才是道德要求的内容与权威的来源。这些实践和制度构成一个清晰的框架，伦理模式的主体能够理解其基本原理，并且就这一框架来说，他作为一个自由的、果断的存在可以完全发挥其潜能。在这里，个人的渴望和集体存在的要求之间没有冲突。个人是社会不可或缺的一个部分，他对社会强加给他的义务和责任的体验不是表现为外在的约束，而是表现为赋予价值观和利益以客观形式，他在内心里认为这些价值观和利益就是属于他自己的。这样，个人良心的要求（康德正确地强调了这一点）和以社会为基础的道德生活观的内在要求二者最终得以调和。

必须承认，黑格尔的理论建立在某些值得怀疑的设想上，这些设想关乎他所观察的不同社会的理性结构，与他的历史哲学也相关，它们引出的话题在此还无法讨论。不过，法官有许多话暗示，他所理解的伦理模式符合之前所概述的黑格尔关于**道德**（Sittlichkeit）的观点。例如，他说，我们不能认为，伦理模式的个体必须发展的自我像某些"神秘的"学说所认为的那样"孤独地"存在，这一个体和他的公共环境以及生活环境是"互惠的关系"。作为"一个社会的、具有公民特征的自我"，他所要实现的自我不是抽象的，抽象的自我“适用于一切，因而什么也不适用”。按法官的话说，从这一点来看，诸如缔结婚姻、有一份工作或有用的职业、承担民事性或制度性责任，这些都是基本的。然而，不能因此就说，由此带来的义务会从外界约束这个人，“外在于个性”，限制他的自由。对唯美主义者这个“附属的人”而言，“偶然性起着巨大的作用”，伦理模式的个体与之不同，他把自己要服从的要求看做一个可起作用的社会因素，他的性格充满了这些义务所赋予的精神。在此意义上，普遍性不是“外在于个人”，相反，二者是合为一体的。对于那些在个人看来只属于自身的义务，他会自发地履行，并赋予其具体的表述。这真正是“良心的秘密”——个人生活“按其可能性同时是普遍的，哪怕不是直接的”(《非此即彼》ii，第260页)。因此，本来乍看之下，二者的隔阂有可能破坏伦理观的统一性和一致性，现在这一隔阂已经明显消除。

那么，《平衡》里所解释的观点到底有多么全面呢？我们拿它与审美的存在模式作比较，它是不是提供了唯一的另外一种选择呢？更重要的是，它在多大程度上可以解决一个人在生命历程中遭遇的所有问题？对于这后一个问题，法官本人有时也似乎心存疑虑。在这里和在之后发表的《人生道路的各个阶段》中，他一再出现，引人注目。表面上看，他自信满满，不过，这自信的背后却隐藏着紧张和压力。正如我们所看到的，在一些地方，对遵从道德观的人来说，他主要关心其生活的主体特性，即生活经验的质地。不管他在别的地方多么努力调和伦理模式的普遍内容，事实依然是，他在这些地方强调的不是普遍的或共同的标准是否实用，而是行为者用什么方式理解自己的行为、自己信仰的深度，以及他对自己有多真诚。我们很难将这一点和一种观念隐含的意义脱离开来，这种观念即，最终而言，每个人必须找到自己的路，穿越一系列内在的理解；这一理解公平对待各人的独特个性，并且，不管显得多么矛盾，最终使其得以超越伦理模式的界限。在《非此即彼》和《人生道路的各个阶段》中，法官开始长篇大论，到最后却令人不安地怀疑起伦理观的自足性及其基本范畴：在这两部著作，尤其是在《人生道路的各个阶段》中，他承认，某些“与众不同的”个人在努力实现伦理的基本原理时遇到了极大的困难。不过，他在这里只是谨慎地讨论了提出的问题，小心地留出余地，显然不太有意向正面解决。另一方面，《恐惧与颤栗》则清楚而雄辩地表述了它们引起的怀疑，其背景清晰地将伦理的观点与宗教的观点对照起来。他在《平衡》里怀着犹豫、多少躲闪着接近的边缘地带在这里得以被跨越。

伦理模式的悬置

《恐惧与颤栗》这部作品署的是化名，即沉默的约翰内斯。这位作者拒绝挂上哲学家的头衔，至少不做黑格尔意义上的哲学家。很明显，他也不打算做个虔诚的基督徒，为宗教信仰说话。即便如此，在他所针对的对象看来，他的话目的明确，那就是要具有哲学和宗教上的意义。虽然自身立基于伦理模式之中，但他敏锐地意识到自己所属的范畴有显而易见的局限性。更确切地说，他关心的是伦理模式无法理解信仰这一现象。他坚持认为，我们当然可以这样理解信仰，这从根本上偏离了由康德和黑格尔开创的方法。这两位采取的方式虽然大相径庭，但他们都努力将宗教信仰这一观念吸收到思想的其他范畴中，或使之从属于这些范畴——康德把宗教信仰的观念看做实践的理性或道德的理性的假设，黑格尔认为宗教信仰在意识的形象或想象这一层次上具有预示性，该层次在他那包罗万象的哲学框架中实现了以理性方式来表述自己。相反，在《恐惧与颤栗》中，信仰的地位是完全独立的：它处于伦理思维的领域之外，我们无法用普遍的或理性的话语来加以阐述。然而，这并不是说我们应该把它看做本质上是原始的、不值得尊敬的东西，它不是“我们希望尽快战胜的、童年的疾病”。相反，本书在结尾时提出：它构成“一个人最高层次的激情”。而且，全书还自始至终地表明，一个人只有在道德上敏感和成熟，才能意识到它神秘和严格的要求达到了怎样的程度。

克尔凯郭尔的目标是以生动而有力的方式认清这些要求所具有的令人不安的特征。他着重研究一个具体的例子并显示其主要特征，希望以此突出一个概念的意义。对于这一概念，他的同辈人并没有实实在在加以关注；它真正的含义不是被牧师令人宽慰的话所压制，就是神秘地消失在哲学家的理性分析之中。他这样做，并不是打算隐藏其真正的寓意。他竭力强调，如果从一种排他性的伦理角度去看，在他所讨论的具体事例中，这些寓意令人震惊，甚至令人反感。

不可否认，他所选择的例子有明确的目的指向。这例子来自《圣经》中亚伯拉罕——“信仰之父”——的故事。上帝要求他杀死自己的儿子以撒来献祭。亚伯拉罕依令行事，举起那把致命的利刃，不过在最后一刻，他的手停住了，牺牲变成了一只山羊。这一整件事意在表现神定的考验或对精神的考验，而他成功地通过了。

对这样一个故事，我们该作何反应？在克尔凯郭尔眼里，很明显，这个故事的价值在于它毫不掩饰地表现了亚伯拉罕所面

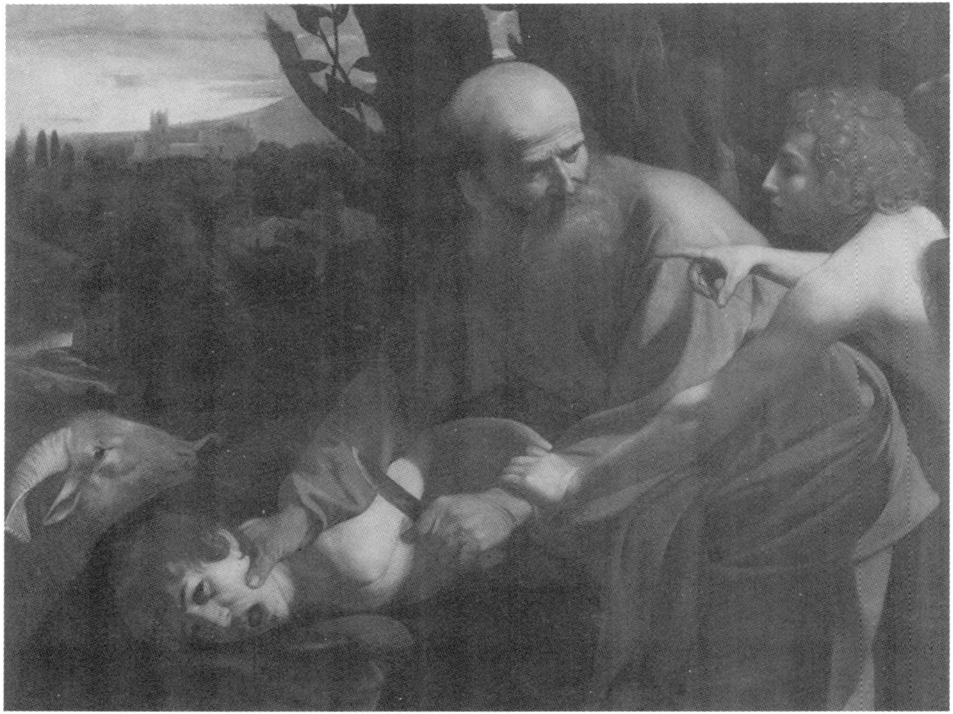

图 11 亚伯拉罕与以撒，以及信仰的显现。

临的选择的性质。他只能通过行动服从上帝的命令,这一行动不仅违背他作为一个可亲的父亲的自然倾向,而且要破坏深深植根于他心里的道德准则,即不能杀害无辜的人。此外,这一行为极端违背道德,因为要杀的人是亲生儿子。因此,他肯定认为自己被迫做的事无论在人情上还是在道德上都是令人憎恶的,我们对这件事也会有同样的反应。不过,正如沉默的约翰内斯指出的,他庄严地去完成落在自己头上这令人反感的任务,不断受到牧师或其他人的赞美。这里出现一个问题:那些津津乐道于类似颂歌的人们究竟在多大程度上真正理解自己所说的话?我们只要设想一下,如果一个教徒真的打算仿效亚伯拉罕,他的牧师会对他说些什么:

> 如果这位牧师知道了这一情况,他也许会走到这人跟前,端足一副基督教牧师的架子,吼道:"你这个可耻的人,社会的渣滓,你到底是中了什么邪,竟想谋杀自己的儿子?"
>
> (《恐惧与颤栗》第 28 页)

牧师甚至可能为自己合情合理的雄辩而洋洋得意,可理由是什么?难道他在布道中不是赞美了亚伯拉罕,而亚伯拉罕不正是做了他正在谴责的事吗?按伦理学观点,答案只能是:没错。简而言之,"从伦理观看,亚伯拉罕的行为就是有意谋杀以撒"。任何人如果想正确理解亚伯拉罕的处境以及他的行为所涉及的东西,就必须面对这一点,不可敷衍。采用笔名充当作者的克尔凯郭尔并没有自诩能够深入亚伯拉罕的生活和思想,因而能理解他。不过他相信,自己揭示了一些情况,这些情况使我们有可能在这样的背景下讨论信仰。他也相信，自己因此可以昭示（哪怕是间接地）伦理观和宗教观二者之间真正的关系——在他那个时代的学术氛围里，这种关系一直遭到曲解。

要研究这一问题，一个方法是将亚伯拉罕的困境与道德或“悲剧”英雄的处境进行比较。“悲剧”英雄同样发现自己被迫去做某件令人厌恶的事，不管是因为这件事有悖于他的天性，或因为它侵犯了根深蒂固的道德准则，还是二者兼而有之。不过，对于这样的英雄而言，在他看来有必要去做的事情是有着明确的伦理基础的：克尔凯郭尔以阿伽门农为例。阿伽门农决定将自己的女儿伊菲革涅亚献祭给自己的国家。他认为自己尽管干了如此可怕的事情，却依然能够“从容立足于”伦理世界中。不管他感到多么痛苦，不管他认为自己个人遭受了多大的损失、有多么懊悔，他依然相信，自己是在遵从一种得到公认的原则或内心认可的一个共同目标，而这些比所有其他的思虑都重要。因此，在面对严酷情况的时候，他有理由期待着得到周围人的同情和尊敬——“悲剧性英雄放弃一种确定性，为的是获得更大的确定性。在旁观者眼里，他是可信的”（《恐惧与颤栗》第60页）。他至少可以“为天下的安全而感到高兴”，他知道自己的行为能得到所有人——甚至包括牺牲者本人——的认可和理解，因而是合理的。

对于亚伯拉罕这位“信仰的骑士”而言，情况截然不同。我们从故事里知道，这位悲剧英雄仍然把伦理作为自己的“终点”或目标，哪怕这意味着为了实现它，将要牺牲某些责任。然而，亚伯拉罕完全逾越了伦理界限。在伦理界限之外，他有更高的目标，“为此，他将伦理悬置起来”。他“放弃普遍准则”，为此感到一定程度的痛苦，这种痛苦超过悲剧性英雄在道德上感到的痛苦。亚伯拉罕孤立无援，不可能向他人辩解自己的行为。在理性思维和理性行动的层面上，他的行为肯定是极不寻常的，甚至是荒唐的。作为一个具体的人，他把自己放在“一种与绝对的绝对联系”中。如果他的行为说得过去，那也只能说是出于神的旨意，这旨意只针对他一个人，他得到了满足，但这种满足无法用人类的标准去解释清楚。从人之常情看，他不是疯了，就是十分虚伪。而且，他如果用人可以理解的标准去为自己辩护，就相当于逃避上帝赋予他这一任务的情境，而该任务意味着对上帝的绝对义务，它超越伦理说教的领域；为了完成这一任务，他必须面对和克服所有与之相悖的诱惑。亚伯拉罕只有抵御这些诱惑——道德的、天性的——才能经受住信仰的考验。换言之，他准备一如既往地承受自己那自相矛盾的信念带来的可怕后果。在这一点上，他当之无愧地堪称“伟大”——人们经常不假思索地这样赞美他。

克尔凯郭尔描述那些在痛苦中追寻着不为人知的使命的人所面临的困境，在这一过程中，他们“走在路上，未见到一个旅行者”。克尔凯郭尔的笔触中流露出无可掩饰的辛酸。他所写的东西深深烙上了个人经历，暗示自己在无法与奥尔森成婚时同样心神错乱，深感孤独。一般的哲学范畴所无法把握的现实困境，以及一个人意识到与已然确立的规范妥协威胁到自己作为个体的完整性，这两种情形同样令人不知所措。不过，无论这些观点在心理学上多么令人印象深刻，它们丝毫无助于说明克尔凯郭尔的核心观点。因为他的核心观点关系到宗教对伦理进行“神学”悬置的可能性，正是这一点招来了许多批评——也许这些批评并非不尽人情。除此之外，在某些情况下所有的伦理要求可被置之一旁的观点还被批评为相当于提倡“道德虚无主义”。他提出的这种修辞技巧无法为之找到借口，更说不上为之辩护。借用某些信念来为有悖道德的行为正名，这些信念又显然默认“荒唐的”行为——这种做法没有什么说服力。如果说它有用，唯一的用处就是毁掉我们对自己价值观的信心，因为它甚至拒绝我们最为确定的观念。当然，有人会回答说，亚伯拉罕被称为“信念的骑士”，不是**空口无凭**(in vacuo)，也并非缺乏正当的理由：他是在贯彻在他看来属于上帝的意愿。不过，这种自信的根据在哪里呢？康德在讨论克尔凯郭尔后来引为典范的这一事例时，曾一本正经地指出，“在这个例子中，一个错误至少有可能占了上风”。当一个被认为是神旨的命令与我们十分肯定的道德判断相冲突的时候，我们绝不会去责怪上帝。正如在《单纯理性限度内的宗教》里所提出的，康德认为在刚才谈到的情形下，一个“觉悟的”人自然会作出这种正确的选择。

从克尔凯郭尔的话里我们看出，他似乎并不打算反对这一点。只要这样的人只依赖伦理观，那么在他眼里，对于人的理性来说不言而喻的道德判断肯定而且必须起着决定性作用。从这一立场看，人类的整个存在被视为“完全是独立自足的领域”，那完全是一个伦理的世界，上帝被降低到“隐形的、正在消失的一点”。当然，人们可能还会使用宗教语言来谈论热爱和服从神灵的义务。不过，他们在使用这些表述时，其真正含义仅是一种自明的真理而已。克尔凯郭尔曾说：

> 如果在这一联系中，我……说爱上帝是我的义务，那不过是在进行不必要的重复。因为在完全抽象的意义上，“上帝”就被理解为神——也就是世界，也就是义务。
>
> （《恐惧与颤栗》第 68 页）

在这一段话接下来的讨论中，克尔凯郭尔重提了一个观点；可以说，他书中的许多内容就是以此为基础。使至高的权威与伦理变得一致是一回事，认为宗教可以简化为这一点，其基本内容完全可以用有限的理性能接受的方式表述出来，则完全是另外一回事。从宗教的角度看，伦理始终只能拥有一个"相对的"地位。他对亚伯拉罕故事的分析显然就是要大大否认一点，即从以上这一观点来看，伦理可以具有终极性或至高无上性。不过，坚持认为它只有相对价值并不是说它根本没有价值——从他对故事的分析中不能得出这样的结论：道德要求无根无据，或者，我们在一般意义上可以不需要它。他要说的是，在宗教的视域里，道德要求被改变了，"表述它的方式完全不同"。由此，他的部分意图是想表明，顺从道德要求的义务最终依据的是对上帝的义务，后者被认为是一种无限或绝对的"他者"，超越人类的理性和理解："单个的个体……与绝对的关系决定了他与普遍性的关系，而不是与普遍性的关系决定了他与绝对的关系。"(《恐惧与颤栗》第 70 页)

在某种意义上，我们有可能认为，《恐惧与颤栗》就是讨论当代神学家——其中黑格尔一派的神学观点尤其如此——故意扭曲或竭力要驳倒的宗教意识。无论怀有什么样的反对意见，他们认为仿效亚伯拉罕行事这一观点肯定是要遭到批判的。不过，亚伯拉罕所理解的信仰，他在自己生活中例证的信仰，都是宗教意识所预设的。任何人如果想通过消除或削弱这一信仰所包含的东西，来表述宗教的"内在真实"，那肯定会遭到曲解。不过，讨论当代思想无法与这些宗教观达成妥协绝不是克尔凯郭尔的唯一目的。在这里，正如在其他"美学"著述里，他并不打算仅仅进行学术批评。他不遗余力地强调信仰观和伦理至上观之间的冲突，并试图勾勒出后者的局限性——一旦我们正确表述个人经历的重要方面，这些方面拒绝伦理的支配、伦理对其又无可奈何，那么这种局限性便显露出来。我们已经注意到，法官在《非此即彼》和《人生道路的各个阶段》中对伦理观进行阐述时，在某些地方对此已经有所暗示。他提出，一个人可能相信自己服从一种独一无二的召唤，而这一召唤与社会所决定的义务或普遍接受的行为准则格格不入。不过，这种意识的地位当然是有疑问的；如果我们要追随这一意识，法官并不打算轻描淡写因此带来的后果：

> 他必须明白，没有一个人能理解他，他必须时时忍受所有人的恶言相向，没有人同情他，人人都会认为他是有罪的。
>
> （《人生道路的各个阶段》第 175 页）

《恐惧与颤栗》的主题是宗教信仰，在此层面上，这些暗示的意义终于显露无遗。道德规范的重要性倒没有遭到类似的否定，不过，伦理模式的绝对统治不再是理所当然。相反，道德的自足性原来被认为是已被确认的社会规范、普遍认可的习俗，现在它显然受到了挑战。一个人可能意识到自己肩负"独特的"使命，可能面对极大的阻碍，但必须不惜一切代价完成它——对于这一观点我们不可能简单地置之不理或不屑一顾，也不能贬低它，认为它"不过是十分平常的情感、情绪、怪癖、**气郁**（vapeurs），等等"（《恐惧与颤栗》第 69 页）。亚伯拉罕对自己的任务的看法驳倒了所有这一切：为了完成任务，他不仅准备违背一般的道德观念，而且与一般的理性思维相悖，他相信自己会通过某种方式“迎回”他受命献祭的儿子。如果我们批评他的所作所为不理智，批评他冒了极大的风险，而且可能在犯错误，那在一定程度上是有充分理由的。不过，这种批评只是突出了他的观点与众不同。在此意义上，这里所谈到的信仰已经处于人类理性的标准之外，用这一标准无法说清它所涉及的变化的合理性。相反，它要求的是一次极端的冒险，或一次“飞跃”，这种精神活动要求人们献身于某种客观上不确定的、归根到底是自相矛盾的东西。

为了理解这些表明宗教信仰之真正意义的观点的潜在要义，我们有必要去看一看被克尔凯郭尔称为他的“哲学著作”的作品，这将在下一章进行讨论。不过，在结束关注他的“美学”著述之前，我们来简单谈一谈上一章结尾提到的一个问题。

我们应该记住，这个问题关乎克尔凯郭尔后来的观点——他通过虚构的方式表述各种存在模式，主要目的是想引导读者摆脱他们是基督徒这一幻象。正如他在《吾书之观点》中指出的，他们生活在“审美范畴，或至多在审美-伦理范畴之中”，他们深深沉迷于这一骗人或自欺的处境当中，无法理解这种欺骗性有多么厉害：通过其典型的思维方式，通过起初假装“支持”它，我们有可能促使他们意识到这种普遍存在的误解有多严重，找到其根源。不过，克尔凯郭尔在回顾自己的创作生涯时，不管这一总目标对他来说多么诱人，一旦考虑到这些作品的全部内容及其视野，这一目标就多少令人感到不太自然。这不仅是因为它们经常让人强烈地感到，克尔凯郭尔的作品在相当程度上是出于为自己立传的动机，包括他不由自主地沉迷于其流产的爱情过程中。还在于，至少从审美观来看，这些据说是生成的“幻象”与其说与任何具体的错误意识——它产生于当代“基督教世界”——有关，不如说与关于人类状况的宿命论或集体主义的神话有关。如果说它应该与前者有关，那么这种联系至少是间接的。不过，克尔凯郭尔的意思也许只是，一个以审美为原则的人有可能认为基督教——和其他事情一样——没有赋予自己重大的使命；它只是“吸引人”，引起超然的思考，而不需要具有决定性的行动和参与。无论如何，我们可能会感到，克尔凯郭尔的追溯性观点显然更适用于他在《恐惧与颤栗》中不得不说的话，这些话关乎属于伦理模式而非审美模式的思维范畴对宗教观的入侵。在这里，我们比较容易理解他心里大概在想些什么。

第五章

真实性与主观性

克尔凯郭尔描述生活和经验的不同模式,这为后来的两部主要作品打下了基础,正是这两部作品确立了他作为宗教思想家的声誉:一本是简洁而相对浓缩的《哲学片断》;另一本是大部头、重复性内容很多的《最后的非科学附言》,书中充满了论战。这两本书和前面的著作一样,以笔名发表,所使用笔名为约翰内斯·克莱马克斯(攀登者约翰)。不过与之前不同的是,克尔凯郭尔的名字也改头换面地出现在这里,署为两部作品的"编辑"。无论这一改变有什么确切的意义,至少我们有理由认为,在这种情况下,他希望读者明白这些观点是他自己的:他意在尽可能明确而有力地表明,"思辨哲学和基督教之间的误解"的真正意义是什么,而他相信,在自己那个时代的知识视野里,这种误解普遍存在。他的审美著作表明——尽管是间接地、暗示地——不同的心理因素和社会因素如何加深了这种误解。不过,核心任务仍然是描述其基本特性,引出其基本前提条件。这就是他现在赋予自己的任务,为此,他选择黑格尔以及受到黑格尔影响的人们作为主要攻击目标。尽管非常关注同时代思潮,他依然认为自己的分析不仅与那个时代有关,而且还具有更广阔的含义。实质上,他所讨论的问题关系到宗教信仰的本质及其与人类思维及理性之源泉的关系。至于这些问题以何种方式出现在实际选择这一层面上，《恐惧与颤栗》中已经提到。在《片断》和《附言》中，它们会再次出现，但背景变了，具有重要性的不仅仅是伦理范围和道德推理的界限；在这一背景下，首要的话题是基督教具体意义上的信仰，而不是亚伯拉罕的故事引出的信仰问题。

在这两本书的背后，我们可以看到18世纪两位思想家的影响。在克尔凯郭尔眼里，他们已经着力探讨了基督教信仰某些重要的方面。其中一位是J.G.哈曼（1730—1788），一个特立独行的思想家。克尔凯郭尔在学生时代接触到他的著作，认为他对理性主义毫不妥协的批判——在神学和其他方面——令人大彻大悟。另外一位是G.E.莱辛（1729—1781）。克尔凯郭尔是几年后在阅读施特劳斯的《基督教信仰》时看到莱辛那篇影响深远的论文《论精神与力量之证明》的。在适当的时候，我们会提到哈曼对他的影响的意义；眼下要探讨的是莱辛在其论文里所阐述的观点，因为克尔凯郭尔清楚地指出，这些观点构成了《片断》和《附言》共同的论辩起点。

莱辛讨论的基本主题关系到以历史为中心的基督教的地位。基督教是怎样将它的中心观念，包括耶稣是上帝之子这一主张，建立在某些仅仅是推定的历史事实之上的？这不仅仅是说，历史事实可能需要有说服力的证据，这种证据是历史研究通常所要求的。即便允许它们有强大的经验支持，也并不会保证其显得非常真实。关于历史的陈述，无论得到多大的证明，肯定无法如亲身经历或亲眼目睹所得到的当前经验那样确定。此外，这也无法最终解决出现的困难，因为还有一个问题，那就是应该如何解释关于历史事实的断言，从而证明接受一种具有超验性质的主张是合理的。换言之,从一套表面看起来是经验的观点过渡到另一套属于完全不同的范畴的观点,要靠什么来证明其合理性?莱辛这么说:

> 如果说,基于历史,我不反对基督让一个死人复活,那么,我是不是因此就要接受上帝有个儿子、这个儿子和他拥有同样的本质这一观点呢?一方面,我缺少有效反对前者的证据,另一方面,我有义务相信违背自己理性的东西,这二者之间是何关系?

面对这样的问题,莱辛有一段名言,认为存在着一条"丑陋、宽阔的鸿沟,无论我多么频繁、多么热切地努力,就是无法逾越它"。他没有十分清楚地阐述自己的这一立场,相反,他似乎同意把宗教观念"非神话化",即认为宗教观念首先包含了伦理事实,人仅靠理智便能内在地理解。这些事实无所不在,恒常有效,不可能基于或源于纯粹偶然的东西。由此,历史因素如果在这里是相关的,那么它只能是例证并暂时解释一个独立的、可以确定的道德内涵——莱辛赞同的看法是,宗教并非因为"福音传教士和使徒"教授它就是真的,相反,因为宗教是真的他们才教授它。或者,正如他在另外的地方所说的,历史启示"对人类毫无贡献,人类仅仅依靠自己的理性找不到它"。

不管莱辛自己提出了什么样的结论,对克尔凯郭尔来说,这一论断的主要贡献在于,它准确地把握了困扰他的难题的本质。基督正教武断的教义与理性不相容,其价值也不可能仅仅通过史料来证明,无论如何,这些史料在本质上是有疑问的。因此,我们有必要进行选择,要么在"质量上"或范畴上来一次跳跃，这一跳跃曾打败了莱辛自己；要么抛弃这里所提到的教义，接受另一种选择，即人类的理解和理性能够接受的选择：没有中间道路可走。其实，这正是克尔凯郭尔在《片断》里要探讨的核心主题。在后来发表的《附言》中，这一主题继续以不同的形式贯穿始终：最重要的是有必要反驳一种观点，即基督教代表着一种学说，无论是从推理的思维来看，还是从历史知识来看，这种学说都能得到客观地证实。不过，在探究这一主题的时候，他以自己独有的方式挖掘其内在意义。

理智与信仰

《片断》虽然简短，却不易读懂。它表述的方式有些古怪，思路有时突然中断，有时突然跳跃，令人迷惑。不过在开始，主要的焦点是认识真理的两种截然不同的方法。虽然该书起初提出的似乎完全是一般性方法，不过，很快就可以看出来，它针对的是宗教真理的地位及认知，这就是该书最关心的问题。

对于自己最初的问题，克尔凯郭尔一开始就列出两个完全对立的答案。第一个和柏拉图及其“回忆”说有关。在柏拉图的《美诺篇》中，一道难题出现了：我们如何希望获取知识呢？因为，如果我们已经知道了真理，就不能再去追寻它；如果我们还不知道真理，在碰到它或它表现出来后，我们又如何能识别出它是真理呢？无论是哪一种情况，从理论上讲，认知都是不可能的。碰巧，像对待数学真理一样，柏拉图也关心这种“永恒”的真理。他指出，解决的办法在于我们认识到，认知意味着主体意识到呈现在——尽管是蛰伏地——其内心里的东西，教师的作用就在于提醒该主体，他拥有的潜在东西是什么；认知就是挖掘或启封从某种意义上来说已经存在的知识。“真理，”用克尔凯郭尔的话说，“不是从外部介绍给个人，而是本身就存在于个体之中。”由此便得出这样一个论点：教师的作用在任何时候都仅仅是“偶然的”，因为大不相同的人或情境可能得出非常相似的结果。实际上，克尔凯郭尔认为这一观点代表了一种非常流行的理性主义，这种理性主义得到思辨哲学家尤其是他那个时代的唯心论者的普遍接受。的确，黑格尔自己不止一次提出，柏拉图把知识看做“回忆”（Erinnerung），这与他自己的观点有些类同。黑格尔的观点是，就整体而言，实在由原则生发，这些原则潜藏在我们的思维过程中，其基本特点可以由哲学思考引导出来。不过，无论如何，也不管实在的表现形式有多么复杂，克尔凯郭尔认为，他心目中的这些理论家相互间的关联之处在于，他们都不假思索地相信，人类理性是最终的或基本真理的唯一来源。

按克尔凯郭尔的解释，另一种替代立场正是基督教的看法，这种立场的前提和某些观点完全相悖，这些观点被他有些漫不经心地视为来自于追随柏拉图传统的思想家们。在这里，后者的论点与其说被抛弃，不如说是被颠倒过来。

于是按照这一对立的观点，个体自身并不拥有靠某种哲学“助产士”来激活的、潜在的终极真理。相反，个体被描述为与超越他的东西存在外在的联系，他并不了解这些东西。他必须“被描绘成处在真理的界限之外，不是像一个改宗者去接近它，而是远离它”（《片断》第 16 页）。这里要表明的是——克尔凯郭尔时常提及这一点：个体被如此疏远，这不是偶然的或暂时的无能为力；相反，他自己要为这种状况负最主要的责任。确切而言，我们可以把该状况说成是一种“罪过”——个体不仅“处于真理之外”，而且对待真理的态度是“论辩性的”。由此可以引出两件事情。首先,既然个体不会拥有这种意义上的真理,那么只能从外界将这一真理赋予他。其次,如果要认识真理,个体就必须改变自己内在的观点,否则,自身的堕落和盲目会阻止他获得真理。然而,如果说有个教师既能够帮助学习者认识真理,又能够向他提供必要的学习条件,那么,这个教师不可能是另一个人:他只能是上帝。

> 如果有谁不仅将真理传达给学习者,而且向他提供理解真理的条件,那么这一位就不仅仅是教师……如果说有谁要做到这一切,那只能是上帝本人。
>
> (《片断》第 18 页)

不过,在传送真理的同时,不能通过吓唬或迷惑的方式来征服学习者,因为这样的话,学习者就不会心甘情愿地接受,这样也没有给他选择的自由,而是使他出于类似恐惧的外部因素而去接受真理。相反,在被呈现的时候,真理应该是以平等的姿态与他进行平等的交流,这就意味着上帝不得不以人形现身在他面前。换言之,我们面对的是基督教关于道成肉身的观念。

这一观念是自相矛盾的。在克尔凯郭尔看来,它表现了他所称的"绝对的自相矛盾"。因为该观念要求我们相信,在某一时刻,外在之物进入时间领域,表现为有限存在之种种局限性。这显然是不可能的,它不可能被纳入人类思维和理解力的限度之中。因此,在理性看来,它肯定是"令人不快的",理性会"觉得它无法想象,自己也无法去发现它,并且即使听到关于它的述说,也不可能理解"(《片断》第 59 页)。不过,该观念依然构成信仰的恰当目标,这只能进一步肯定莱辛已经清楚看到的问题：信仰和理性无法和解，二者必有其一作出让步。留在理性这一层面就是决心拒绝这一自相矛盾；从这一观点来看，它是一种“荒唐”。另一方面，一旦理性范畴被放置一边，信仰便抛头露面，个人进行“跳跃”，承认教师所要求的特殊品格。不过，克尔凯郭尔坚称，这一跃必须在教师的辅助下才能实现。它以他所称的“条件”为前提，因为，除非学习者的本质在神恩下发生转变，否则便无法完成这一“跳跃”。不这样想的话，就相当于认为他完全可以依靠自己堕落的力量去认识真理——这一点已经遭到否定。由此，我们可以说，有两个自相矛盾的“时刻”——道成肉身的时刻和信仰的时刻；第二个时刻与第一个时刻是相互关联的，两个都必须被视为“奇迹的”：

> 不过这样一来，信仰难道不是和那个自相矛盾一样自相矛盾吗？一点也没错。除此之外，它又如何能够以那个自相矛盾为自己的目标，并且快乐地与之保持联系呢？信仰本身就是一个奇迹，凡是相信那个自相矛盾的，也会相信信仰。
>
> （《片断》第 81 页）

我们在思考克尔凯郭尔关于基督教的立场时应该记得，在目前的背景下，他的目的不在于为这一立场辩护或辩解，而在于让我们关注它所涉及到的东西——至少表面上是这样。从他已经说过的话来看，他没有小觑该立场在研究上可能带来的困难，反而强调这一点。他想突出——而不是掩盖——它和我们自然的思维模式之间的距离，强调后者在与超越其领域之外的东西发生联系时，将不可避免地遭遇这一障碍。不过同时，他也不想否认人的智力一向喜欢努力超越自身受到的束缚，在自己理解力的范畴里或原则下徒劳无功地汲取显然是无法企及的东西。由此，他认为，哲学家和神学家也摆脱不了这种习性，他们常常情不自禁地想把基督教超越世俗的观念改变成我们熟知的或根深蒂固的知识："如果哲学家不把超自然的东西变成琐碎的平常事，"有一次他讽刺道，"我们要他们来做什么呢？"（《片断》第66页）这种改变的一个办法是，只援引在他看来首先与柏拉图的观点相关联的理性因素来证明上帝的存在。另一个办法与第一个办法截然不同，它不是从纯理性引出宗教观念，而是利用历史提供的证据。克尔凯郭尔力图证明的是，不管用哪一种办法，这种努力终将失败。

他对前一类论点的反对虽然重要，但大都附和康德已经提出的观点。康德认为（之前的休谟也有此看法），理性自成一体，独立于所有的经验之外，只能对观念或概念起作用，无法独立地显示任何事物的存在。因此，仅仅靠上帝这一概念去证明上帝的存在——所谓的"本体论证明"就是这样的，那是不能成立的。我们不可能仅从一个关于完美存在的概念引出一个实实在在的主张，认为这样的存在是实在的。克尔凯郭尔说过，运用这种方法"我没有证明……一种存在，只不过是充实了一个概念的内容"（《片断》第49页）。"上帝"这一概念的或理想的"实质"肯定与其"真实的存在"有明显区别，而后者正是这里要讨论的。乍看之下似乎合理的是，即便我想从神的技艺在所谓的自然法则中的体现推断出它的存在，我还是得不出任何重要的结论。这些体现以一种"理想的读解"为前提，对于这种读解，我已经心照不宣地将其应用于实例，没有为希望得到的结论之合理性提供独立的支持。

经过这样简单的概述后，克尔凯郭尔觉得，必须以怀疑的姿态反对传统上自然神学的路数。要应对概念的或同义反复的真实性，就必须运用理性；如果出现相反的情况，那是因为存在着事先已有暗示的某些关键假定。因此，对于分配给它的任务来说，理性是无用的。不过，从这种抽象思维转向对启示的积极看法，会提供别的什么选择呢？有没有可能尚未出现可靠的理性——这次是基于具体的历史——来接受这一切呢？除此之外，这样的方法——和前一种不同——还有一个优势在于，它能公正对待克尔凯郭尔自己所坚持的基督教的某个方面，即着重强调一种独特的历史事件的出现及其意义。因此，他长篇大论地探讨历史研究的地位及其与信仰的联系，也就不足为奇了。

虽然克尔凯郭尔的叙述有严重的曲解，但还是可以得出以下的观点。首先，他强调，历史事件和历史变化的特点是不能简化的偶然性或非必然性。诸如黑格尔这样的神学家把历史的范畴和逻辑的或形而上学的范畴强拧在一起，因而认为历史领域体现了概念之间的必要联系，这是非常错误的。其次，他指出，从认识论角度来看，了解这一特征会产生重要的结果。关于人类的过去是偶然的、实在的种种设想肯定缺乏一种确实性，这种确实性属于在概念上可证明的、关于理性的真理。如果说有些设想只限于描述我们当前的经验，因而有可能是确定无疑的，那么，这些关于人类过去的设想同样缺乏这样的确定性。事实上，即使对于那些根据观察得来的、意在超越明白无误的感官信息的平常观点，上述结论也是正确的——我们只要（克尔凯郭尔建议）想想一些关于感性幻觉的常见例子，就知道现代人即使亲眼目睹一个事件，也有可能曲解该事件的真正性质。无论如何，就历史观点而言，他们所说的内容和这些内容所依据的证明之间存在明显的差距，这一差距使得所说内容的真实性在逻辑上大打折扣。那么，我们该如何接受它们呢？克尔凯郭尔声称，在这里，恰当的范畴是**信仰**，信仰在此应该指“意志的表达”而非理性的推理；与我们有关的“与其说是结论，不如说是决心”，这是一种“排斥怀疑”的自愿行为。如此想来，信仰不可避免地要冒险将自己献身于不真实的、在严格意义上不同于知识的东西。不过，从克尔凯郭尔的其他著述来看，他似乎认为，关于经验事实（包括历史事实）的种种设想具有不同程度的可能性，这一点是合理的。如此，我们可以说（正如他自己在《附言》里所说的），自己至少“大致了解”这些事实。这就引出第三个观点，也是他的核心观点。

区分“直接的或普通意义上的”信仰和“突出的”信仰或宗教信仰，这是非常重要的。前者与通常的历史观念有关，后者则与基督教“自相矛盾的”历史观念有关。虽然前一种信仰无法在理性上得到证实，但是它构成我们对这个世界的一般看法，代表的是人类意识中完全自然的一个层面。第二种信仰则要求我们接受——正如先前已经看到的——有悖于理性、使理解力迷惑的东西。由此必然得出这样的观点，即凡认为基督教信仰多少是可以说得通的，或者，可以通过公认的历史方法变得可能的，都是对基督教信仰之本质的根本误解。在这里，我们研究的不是直截了当的或一般的历史假想，它们或多或少与可获取的文献相吻合：“这一历史事实是我们假想的内容，它具有特殊的性质，因为它不是普通的历史事实，而是基于一种自相矛盾的事实。”（《片断》第 108 页）也就是说，我们认为，“永恒”或无限已经及时出现，而讨论这种联系的可能性显然不合时宜。并且，在克尔凯郭尔看来，它还具有可恶的误导性：“这样看待信仰无疑是在诽谤它。”除了其他的一切，我们也会认为它具有如下暗示：对那些的确目睹了福音书里提到的事件的人来说，这样的信仰更显真实，而对后世的人来说，则不会这样。不过，他却竭力要否认这一看法。对某些被认为本来就是自相矛盾的东西的接受，不能受制于时间状况或环境的变幻莫测。一个现代人只依据自己的所见所闻，可能无法看出道成肉身的意义，这和只能依靠证词的后来者的情形想必是一样的。不管是哪一种情况，这里所体现的不过是信仰的一种“情况”。

> 没有间接的门徒。第一位门徒和最后一位门徒在本质上处于同一层次，只是后来者在同时代人的证词中找到属于自己的情况，而当代人则在自己的当代性中找到属于自己的情况。
>
> （《片断》第131页）

从宗教角度来说，二者谁也没有超过谁。在所有情形中，信仰要求的不仅仅是一次跳跃，而且是一跃而入理性无法想象之地，这要借助于神才能实现。这足以驳倒任何对不同的时间优势进行比较的建议。按克尔凯郭尔的理解，信仰不是一个超级证据或观察条件的问题；我们已经看到，它的可能性依赖于奇迹。

克尔凯郭尔一再提到宗教信仰的奇迹性质，认为根本不能把它与所有公认的人类认知形式相提并论。他的这种强调令人想起休谟在《人类理解研究》中一段著名的话，这段话我在第二章已经简要提到。正如近来有些人指出的，实际上，休谟的认识论观点和《片断》中关于世俗知识及信仰的观点有明显的大致相似之处。两人都把认知确定性的特点限制为理性的必要真实,限制为描述眼前感官信息的设想:同样地,两人都暗示,理性——论证性意义上的——无法证实关于经验事实的因果推断的合理性。的确,休谟努力在心理学上解释这种推断,从我们通常的或习惯性的期待出发,这种期待源自我们过去对规律的体验。克尔凯郭尔则相反——非常奇怪地相反,认为这些推断表达了人的意志。不过,即使在这里,如果我们记得他是如何区分"普通"信仰和"突出"信仰的,这种对比也会显得不那么明显。在当前的情况下,休谟和克尔凯郭尔的这些相似之处就有了一层附加的、更具体的意义。休谟在《人类理解研究》中指出,基于理性的自然神学不仅在原则上遭到反对,而且,面对人们大量的普通经验,想通过《圣经》的证词建立关于所谓的超自然现象的宗教观念也无法令人信服。因此,在讨论奇迹的那一部分的最后一段中,休谟得出这样的结论:"**基督教这一宗教**不仅一开始就伴随着奇迹,而且到今天,离开奇迹,任何有理智的人也不会相信它"。他继续道:

> 仅仅靠理性无法说明它是真实的:凡受**信仰**的感动而去赞同它,肯定是不断感受到发生在自己身上的奇迹,这奇迹颠覆其理解力的所有规则,令他决意相信十分违背常规和经验的东西。

尽管两人强调的重点不同,语气也不同,但休谟的结论与克尔凯郭尔对信仰的叙述很是接近,以至于令人怀疑这不完全是偶然的。这种怀疑似乎大有根据。克尔凯郭尔早年在日记中提到,他在阅读哈曼著作的时候,看到有一处特别提到上面这段话。哈曼说,“休谟也许是满怀轻蔑和挑剔说这番话的,但是同时,这也是从一个敌人兼迫害者的嘴里说出来的正统信仰和对真实的证明——他所有的怀疑证明了他的观点”。在这里和在哈曼反知性论的著作里,特别触动克尔凯郭尔的是后者拒绝把先验的理论化做真正的发现和启示的来源;相反,他强调**相信**(Glaube)或信仰,认为这是精神洞察力直接的、神启的天赋,但其洞察被自然神学家和思辨的形而上学家的逻辑蛛网遮蔽得光影全无。哈曼认为,休谟的主要功绩在于他有效地瓦解了所有想要用理性或常识来证明某些观点的努力;这些观点无法由论辩来加以说明,也不属于抽象领域,无法进行归纳:虽然他自己便是多疑的讽刺家,可是无论多么无意,他的确因此成了自己所嘲笑的那个宗教的同盟者。我们已经注意到,克尔凯郭尔追随他的德国前辈,完全承认这位怀疑论者的反对观点的力量。如果基督教信仰的宗旨服从于休谟的“理智之人”的看法,它就必然显得不仅是毫无根据的,而且是荒诞的。他(又和哈曼一样)认为这些反对观点有利于消除长期以来对这种信仰的真正性质的误解,因而,一旦放在适合正在讨论之内容的视角下,该信仰根本的重要性便得以大大突出。谁要想通过符合日常看法和经验的要求来解释这种信仰,他就会成为一个深刻的误解的牺牲品——而且,这一误解意味着逃避真正的危险,应该受到责备。哈曼说过,“谎言和浪漫故事肯定是可能的,假想和寓言也一样,但真理和我们信仰的基本宗旨却不是这样”:后者构成“完全独立的领域”,一切通过援引客观知识和理解来证明其合理性的努力都涉及“范畴的混乱”,代表着“精神之诱惑”。基于这些考虑因素,莱辛对于信奉基督教先验观点所要求进行的跳跃的坚持,便为克尔凯郭尔提供了一种放大的强制的意义;

对于个人而言，它产生了重要的结果。

他对这些结果的看法在《附言》中变得明显起来。不过在提出它们的背景中，受到强调的不是为基督教信仰提供理性支撑的传统努力，而是近来受到追随者青睐的“最新哲学”。无疑，《片断》间接提到了黑格尔哲学的主题。不过，克尔凯郭尔意识到有必要区别黑格尔将宗教意识附属于理性范畴的独特模式和在它之前所作的类似努力；对于这种努力，黑格尔哲学意欲取而代之。相应地，在《附言》里，我们发现克尔凯郭尔进行了持久而全面的评论，这些评论特别针对黑格尔理论隐含的意义。

黑格尔哲学的失误

《片断》一开篇就大致描述在某些方面误导人的截然分别，我们不难看出，为什么克尔凯郭尔特别关注黑格尔对宗教的看法。因为，无论黑格尔的其他观点是怎样的情况，黑格尔的唯心论以一种鲜明的绝不妥协的姿态反映了一种观念，即对人类理性来说，实在可以变得完全透明。同样地，这种唯心论并不满足于仅仅为公认的基督教教义提供理论支持，它还要为其真正的——即便是潜在的——内容提供一种正确的读解。不过，这样做的话，它实际上似乎——至少在克尔凯郭尔看来——改变了它们，剥夺了它们的基本特质，把它们鲜明的特征视为一种不成熟观念的并不重要的表现；对于这种不成熟的观念，哲学注定最终要超越它。用他自己的话说：

> 如果一个人喜欢异教胜过基督教，那绝不是头脑糊涂，但如果他发现异教是基督教内部的最高发展形式，这对异教和基督教两方面都是不公平的……思辨运动为自

己完全理解基督教而感到自豪，同时，它把自己说成是基督教的最高发展形式，可是非常奇怪地发现并不存在一个“彼岸”。它把关于未来的生活、关于另一个世界的观点，以及类似的观点都说成是诞生于有限理解力的辩证局限性。

（《附言》第323页）

当然，这并不妨碍黑格尔一派经常利用宗教语言来表述自己的观点。克尔凯郭尔的看法——“基督教的整套术语被思辨的思想挪为己用”——可能是夸张的说法，不过并非无中生有。因此，黑格尔自己在谈到绝对精神的性质和发展时就经常提及上帝，甚至把自己的哲学称为“神正论”：他还乐于把自己的哲学体系与基督教的历史维度合并，把类似道成肉身这样的观念看做表达了人和宇宙进程的关系，在这一进程中，人作为一种有限的、具有自我意识的存在必然参与其中。不过，我们还不能说他是个正统的有神论者、基督徒或别的什么。我们早先已经看到，黑格尔的**精神**无法离开人而独立实现，终极真理也不是通过神恩“从外部”灌输给我们的。他着力否认，对于自主、自我识别的精神原则这一根本观点，超知觉的“彼岸”——不管它被认为是形象化的，还是被抽象地认为是康德式的假设或“观点”——是内在的；这种精神原则在**人类**世界中完善自我，它只能通过像我们这样有意识的动物才能了解到自己。黑格尔在他的《百科全书》第三部分中说，上帝正因为知道自己是谁，才是上帝，而他只有通过人才能认识自己。

不过，坚持认为——尽管找了种种托辞——黑格尔对宗教的读解严重歪曲了基督教思想的真正意义，这是一回事；评价

图 12 路德维希·安德烈亚斯·费尔巴哈(1804—1872)

作为这一读解的源头和支撑的哲学,又是另一回事。克尔凯郭尔希望表明,黑格尔的形而上学——从它自身以及它所宣称的要为实在提供全面阐述的目标来看——实际上是有缺陷的,这种缺陷是无法弥补的,因为总体结构的弱点位于它的根基。

克尔凯郭尔在提出自己的批评时,部分援引了费尔巴哈和阿道夫·特伦德伦堡(1802—1872)对黑格尔的批评,后者是克尔凯郭尔非常敬佩的一位精明的、亚里士多德式的学者和逻辑学家。从他自己的描述来看,这些批评表现为对思辨的设想进行讽刺的、常常是散漫的评论,而不是按部就班地细察黑格尔具体的论点和推断。谁想在这里找到有条不紊、条理清晰的反驳意见,那是不可能的。不过,人们感到,正是这种缺乏详细分析符合克尔凯郭尔采用的一般策略。他非常乐意承认，如果我们认为黑格尔的“体系”不过是一种精心构建的“思想-实验”或模式，研究的是基本逻辑范畴之间的内在联系，那么它代表了一种令人印象深刻的理性成就。不过，根本的麻烦和代表它的本体论观点有关，根据这一观点，现实和存在的具体领域应被视为以某种方式表达了(而且依赖于)从根本上而言是一种自我生成的理性活动的发展。这一转变令人无法接受，被认为是一种“疯子的假想”，它是黑格尔绝对精神学说的核心。人们平常运用和理解的概念思维是从现实经验中抽象出来的东西，而且，所有这样的抽象思维都不可避免地要求或预设一位思想家在某些方面以一个实实在在的个体出现。宣称(黑格尔的确这样做了)在逻辑上思维先于存在，这是颠倒真正的秩序，相当于复活(尽管以一种混乱而诡辩的形式)一种论辩模式，康德已经充分揭露了这种模式的谬误。事实上，黑格尔能够对他自己和读者瞒过这一点，是因为(有人提出)他使用“刚刚发现的第三种媒介”来补充抽象思想和存在。

克尔凯郭尔把这里提到的另一种媒介命名为“纯粹思想”。如果说抽象思维植根于经验现实，那么纯粹思想显然要设法摆脱这种世俗的羁绊；它是一种囊括一切的因素，依据它，一切有限的、由时间限定的存在模式，包括和我们相关的、意识和经验的具体对象，都可以得到理解和阐释：不如黑格尔的观点那么成熟的观点原先遭受分歧的困扰，正是由于这一“假想”的力量，这种困扰最终得以解决，使我们有可能确定主体和客体，以及神人合一最终的特性。不过在字面意义上，这一假想是荒谬的。真正源于人类思想的概念在与这个世界互动时，被错误地赋予一种独立存在的现实，思想因而得以“抛弃存在”，“迁居至第六块大陆，在那里，它完全自给自足”(《附言》第 295 页)。在《逻辑学》中，黑格尔可以自负地认为，自己的体系并不需要任何假设，可以从最抽象的概念，即赤裸的或无区别的“存在”开始，然后展示它如何引入一个辩证程序；在这个程序中，对立的概念依次得到协调或在渐进的更高层次上进行合并。如此，在起始阶段，**存在**(being)引出其对立面**虚无**(nothing)，随后用**生成**(becoming)这一概念调解二者。不过，概念在理论上的转化不能与在现实世界中的实质性转化混为一谈；此外，黑格尔似乎忽视了一点：所有的抽象概念，甚至包括他宣称的完全没有确定内涵的，都必须由经验的个体去理解、去接受——在目前这种情况下，需要这位思辨哲学家本人去理解、去接受；他为自己构建的体系负责，在其他不那么高尚的场合，人们发现他擤鼻涕，或像一个教授那样领取工资。克尔凯郭尔说，这些因素实际上大大剥去了一种神秘媒介的虚构性，这种媒介“神秘莫测地悬浮在天与地之间，与实实在在的个体完全无关，它可以解释一切，却无法解释自己”(《附言》第 278 页)。日常生活中具体的人类主体，其存在是所有实际的论证过程的当然前提，现在这一主体被吸入“纯粹思想的皮影戏”中，形而上的唯心论以异想天开的普遍主体取代了它的地位。

乍看之下，如此责备这位思想家，似乎有些奇怪。这位思想家坚持世界历史注定要在人类的具体活动和理解中实现其目标并达到最终完满。不过，克尔凯郭尔主要关注黑格尔的方法，它归根结底颠倒了思维与实在的关系，包括思维与作为实在之一部分的人类的关系。因为，在阐述的尾声，后者被说成不过是所谓的“绝对”理性的表现和有意识的工具，而这种“绝对”理性是超越它们的。通过把这些表现和工具的合理性提升为一种自动的、包罗万象的精神原则，黑格尔便容易受到一种重要方法的攻击，而他在讨论其他观点时，一直乐意采用这种方法。这种批评成了他自己的哲学的对头，这是合乎情理的。

当然，与克尔凯郭尔同时代的德国人得出了对黑格尔的唯心主义本体论同样具有破坏性的结论，这些人便是激进的青年黑格尔派。不过，他们更愿意接受这一本体论中隐含的模糊性，而他们从中得出的结论则与黑格尔的截然不同。要改变黑格尔体系的基本重点，他们认为可以这样改变，即通过改变能深刻洞察人与自我、与他所生活的这个世界的关系。因此，黑格尔关于宗教的意义及作用的个别概念一旦被转换成一种经过适当纯化后的人类学术语，那么它就是正确的。此外，正如黑格尔本人所暗示的，对他思想中所描述的许多宽泛范畴和对立概念都可以进行经验的解释，这种解释揭示了是什么力量真正控制人类在社会和历史背景下的发展。费尔巴哈首先提出一种与这些思想一致的"去神秘化"的注解形式，其他人，尤其是马克思，很快认识到这一形式的可行性，并进行挖掘。

克尔凯郭尔自己的反应——至少在《附言》中表现出来的——和这些观点的精神恰好相反。如果黑格尔的宗教理论容易引出这样的解释，即是人而不是上帝构成了宗教意识的真正对象，那么这只能进一步印证所谓的"思辨的读解"完全歪曲了基督教的含义。不过，无论如何，他根本不赞同黑格尔体系的观点；在这一体系中，基督教被认为是关于人类状况的重要真理的潜在源泉。相反，克尔凯郭尔在这里所说的一切表明，他感到无论在原则上还是在实际立场方面，这类观点都遭到了误解。将黑格尔的历史哲学脱离启发它、支撑它的逻辑的和形而上的假定，这肯定是不合理的。因此，接受这一历史哲学就不可避免地要——错误地——赞同关于过去的宿命论观点。这里提出的观点把历史过程说成是走上一条无法逃避的必由之路；相应地，它既不尊重历史事件是偶然的这一基本特性，也不尊重参与其中的人类行动者的自由。事实上，《片断》中已经提到这一点；不过，在目前的背景下，他进一步用另一种在他看来极端重要的因素强调这一联系。黑格尔有一个命题，即历史是“观念的具体化”。实际上这相当于声称，被认为包含了进化的思想或“原则”范畴的历史阶段和社会，在对人类事务的意义进行任何可接受的评价时，都应该居于首位。结果是，个体的地位相应下降，其作用萎缩到仅仅“代表”或具体表达他那个时代或社会的精神。

克尔凯郭尔认为，这种学说不仅本身是不正常的，而且在实际中具有潜在的危害性和削弱的力量。从心理学角度看，它符合通过托辞或自欺来逃避个人责任和承诺的一般倾向。在其他地方，他认为这是当代社会**不适**的症状。人们太容易“在事物的整体中，在世界历史中迷失自我”，把自我的个体身份淹没在诸如时代精神或人类进步这一类集体观念中；当代黑格尔哲学的魅力之一便是，它似乎向这一类的态度致以学术上的尊敬。不过这不是全部，因为我们也可以认为这种学说清楚地支持一种行为理论，根据这种理论，“伦理首先在世界历史中找到其具体的表现，在这种形式中，伦理成为世人的任务”(《附言》第129页)：换言之，后者被用来认识他们所属的历史领域的“道德实质”，令其在行为中与此相吻合。因此，伦理模式被公众、被客观所同化。一个人要使自己成为道德行为者，就意味着承认自我在公认的社会秩序中的位置；而且，遵循这种秩序，我们将获得黑格尔所说的“真实的自由”，即具有自我意识的个体发觉自我在宇宙中获得完满和“实现”。

这里提到的伦理概念令人清楚地想起另一个概念,克尔凯郭尔至少有某一段时间在《非此即彼》和《恐惧与颤栗》这样的作品中描述道德观的时候,似乎一直记得这个概念。因此当我们发现,这样的概念在《附言》里似乎从头到尾大大地歪曲“伦理模式”真正的含义时,不禁会感到有些吃惊。他用不少篇幅强调,伦理在根本上涉及个体和他最内在的自我:“伦理利益只存在于一个人自己的实在中。”(《附言》第 288 页)凡试图外化它,或使它客观化,无论是以“世界历史”的形式还是以社会公认的规则和规范的形式,或二者兼而有之,都是大错特错的:相信伦理生活证实“形而上的原则……即外在的就是内在的,内在的就是外在的,二者完全同量”,这对那些被困在日常生活的“经纬”中的人们,或许有一定的诱惑力;不过,这种“诱惑力可以被满足,也可以被征服”(《附言》第 123 页)。伦理首先和个人的“内在精神”有关,凡想破坏或侵蚀这一重要见解的,我们必须进行坚定的抵制。

我们该如何理解这一点?虽然克尔凯郭尔利用笔名无疑使事情复杂化了,不过,即便是最赞同他的评论者也难以声称他的著述一向具有清晰的连贯性和精确性。在我们眼前的这个例子里,我认为必须干脆地承认,(无论多么令人困惑)他在构建《附言》中的伦理模式时所用的方式与对这种模式的描述常常明显不符。在那些他主要关注将该模式与宗教模式进行对比的情形下,这种描述是占统治地位的。在当前的联系中,他似乎想强调两种领域的连贯性,而不是强调它们的不同,这并非巧合。不过,这里所涉及的变化不像起初看上去那么剧烈。其一,甚至在先前对道德的讨论中,他就暗示,把道德看做一种自足的人类制度，与认为道德的终极权威源于它表达了神的意志，这两点之间应该有所区别。其二，我们记得，在《非此即彼》中，法官对伦理的叙述有时表露出明显的紧张，即某种矛盾情绪：当然，他在某些场合提出，信仰的深度、内在的或个人的承诺的力量对道德意识来说是内在固有的。它令人怀疑这些特征是否最终可以与一些观念和解，这些观念强调道德规范的社会性质和制度化性质。可以说，在《附言》中，正是这种强烈的个人主义笔调占据了优先位置，控制了对伦理和宗教的论述。和对伦理的论述一样，现在看来在对宗教的论述中黑格尔也受到谴责，因为他错误地描述并扭曲了有争议的问题：

> 他的体系过于拥挤，伦理无法在其中安身。作为伦理的替代品，某种东西被包括进来，它混淆了历史和个体，混淆了时代令人不知所措的、聒噪的要求和良心对个体永远不变的要求。伦理着重于个体，所有的个体要想成为一个完整的人，这就是他不变的任务。
>
> （《附言》第 309 页）

主观的看法

一般而言，克尔凯郭尔断定，黑格尔试图证实由来已久的理性观念是终极真理的一个源泉，这种努力导致无法逾越的困难，容易招致根本的反对。克尔凯郭尔雄心勃勃，要理解实在的各个方面，包括属于道德意识和宗教意识的方面。他完成了这一点，却付出了代价：范畴被毁灭性地熔合，应该适当分离的事物被互相吸收。如此，存在被吸收到思想里，偶然性降低为必要性,个体从属于普遍性。而且,他的方法还有一个必然的结果,即导致他忽视或者至少着力掩盖这一点:我们形成概念,作出推断,首先依靠感官的知觉。我们在《片断》中有时可以看出经验主义认识论的痕迹,在《附言》的反黑格尔论辩中,它又时不时冒出来。不过,如果我们认为在《附言》里——比在《片断》中更突出——克尔凯郭尔有意表明另一种方法是可行的,只要这种方法避开黑格尔夸大不实的理性主义所染上的诡辩和幻想色彩,它就有可能为基督教提供客观的支持,这种支持可以被休谟在《人类理解研究》中提到的"理性之人"所接受,如果我们这么想,那就错了。提供这样的支持,不论是用黑格尔的方式或用其他方式进行读解,都完全不合时宜,必须坚决予以拒绝。我们得知,基督教"反对任何形式的客观性"。在这里,只有主观接受才是"具有决定性的因素"。

基督教关心的是主观性。如果它有真理,这真理也只存在于主观性之中。就客观而言,基督教绝不是存在性的。

(《附言》第 116 页)

关于主观性的思想,还有与主观性相联系的真实性观念,我们实际上可以说已经触及一个重点,克尔凯郭尔在《附言》中关于宗教信仰的叙述最终转向了这一重点。他坚称,信仰"是主观性固有的一部分",构成其"最高的激情";只有通过"成为主观的",我们才能理解和借用基督教的意义,使它成为信仰者的一种现实。不过,他对这一观点的论述是复杂的、晦涩的,自然而然地引起许多论争。他心里想的是什么?这想法与先前提出的一些观点有何联系？这些问题不容易回答，一个主要的原因是，他在探讨这个话题时，受到了众多不同因素的影响。

其中一个因素可以说起到了核心作用，它着重于行为者之立场和旁观者之立场的对比。法国哲学家伊曼努尔·穆尼耶（1905—1950）曾把存在主义描述成"人之哲学对思想哲学和物之哲学走向极端的一种反动"。对克尔凯郭尔而言，这番话当然是贴切的。我们在第三章已经看到，他指出，如果认为超然的或观察性的思想模式为我们提供了一种视角，人类生活和经验的各个方面都可以在这一视角下进行调和，那是一种幻觉。他努力强调两种态度——对思考和客观研究的淡然态度，和投入或参与到行为及实际意志中的态度——有天渊之别。在这种强调的某些方面，人们会拿他所运用的方法与康德对理论观点和实践观点的区分进行比较。如果我们在某些科目或学科分支如数学、历史或自然科学所设置的界限内采用前者，不会出现反对意见。不过，一旦旁观的或外在的态度得以漫延过恰当的界限，吞没它所涉及的一切，导致个体作为行动和选择的特殊中心忘记其独特的个性，那么误解便出现了。不管在思辨的唯心论中个体被说成只是绝对精神的一个工具，还是在物质主义某些由科学影响而生成的形式方面，个体被视为由因果关系调节的宇宙中的一个组成部分，最终由不受他控制的规律和力量所支配，这种情况都会发生。关于后者的一个观点也许可以说来自斯宾诺莎，不过更明显的来源是法国启蒙运动的某些代表人物。然而，无论出自何处，所有这些观点都篡改或大大遮蔽了一个视角——如果我们把自我当成积极的、有自我意识的主体来思考自己的能力，人人都过着具体的生活，要作出具体的决定，那么这一视角是绝对必要的。设想我们可以采取一个自己想象的先验立场，这意味着在一个人遭遇问题，这些问题又需要作出个人抉择而无法进行客观研究的时候，就无法正确理解他作为一个人意味着什么。正如克尔凯郭尔在 1843 年一篇著名的日记中所说的，在此意义上，我们无法找到阿基米德式的“安息之地”：

> 正如哲学家所说的，生活必须向后去理解，这完全正确。不过，他们忘了另一个观点，那就是生活必须向前活。
>
> （《日记》第 127 页）

当我们作为事不关己的旁观者或研究者“从外部”去思考事物时，我们是怎么想的，这和当我们作为固守形式的行为者采用“从内部”的观点，努力实现似乎毫无争辩余地的具体意图时，我们是怎么想的，二者之间有重大区别。克尔凯郭尔强调主观性，其部分原因或许在于，面对那些或者忽视如何看待实际投入的意义、或者用巧辩来把它搪塞过去的人，他希望着力重申和强调这种意义。我们不能认为一切，包括我们自己和我们的行为，都可以从纯粹观察性的或解释性的方面来看待。他不想否认人们常常假装并非如此，人们认为自己服从客观范畴或种类，因而行为不得不受到限制：人们由此认为自己被赋予一种无法改变的品性，就像处于审美意识的某种表达中。此外，他们也许认同于某一特殊的角色，甚至（至少基于对伦理的某些解释）想象自己无可奈何，必须遵守社会认可的规则和义务。不过，所有这些观念都涉及种种的自我欺骗，必须予以揭露和曝光。克尔凯郭尔把人们的注意力引向它们，可以说开创了对不真实和**虚伪**（mauvaise foi）的剖析；在后来的存在主义文学中，

图 13 让-保罗·萨特(1905—1980)

对上述两方面的描绘占有非常突出的地位。尤其是萨特,他认为"个体的主观性"是自己思想的出发点,坚称有必要认清这种主观性要求些什么,有必要弄清我们生而为人或为我们的行为所应承担的责任,不能把它推给某种臆想的客观决定因素而加以抛弃。萨特这样说并非空口无凭。

在克尔凯郭尔的作品中,这一主题非常清晰。在《附言》中,它以不同形式贯穿始终。即便是这样,按他的情况,还有更多的问题有待探讨。宣称我们不能仅仅作为观察者而活着,宣称要充分描绘我们在这个世界上的处境,就必须明白地面对在行为中占据主要位置的主观视角所提出的主张,这是一回事;在写作中,这一视角似乎归根结底应该得到优先的地位,这是另一回事;主张只有参照这样的观点,我们才能正确理解伦理和宗教的意义,这又是另一回事。这些进一步的争论都有助于明确他与众不同的观点,并且,这些争论都与人们尝试区分经验的两种层次有关。在某一方面，这种区分的某些含义似乎比迄今为止所分析的要更极端。

最后这一点上的众说纷纭已令评论者感到迷惑。在克尔凯郭尔述说时，似乎就其特征来说，客观沉思通过运用一般术语和观点，不可避免地会妨碍对存在之基本特性的理解，而似乎只有通过行为的这种内在意识，我们才真正注意到后者。然而，虽然克尔凯郭尔表述自己思想的模式常常显得夸张或误导人，要理解让他这样做的潜在思虑并不太困难。这种思虑最终与我们自己有关，我们参与到他所关心的“生存进程”中，是负责任的、自我做主的参与者，这有别于自然的其他万物。此外，他对人类处境的主要看法是，我们在生活中应该时时要求自己关注自己作为个人的终极价值和终极命运；通过比较，所有其他的考虑因素——包括与认知性或理论性研究有关的——都变得不重要，最终将被视为没有关联或令人分心的。他对“内在性”的强调反映出这一重点，这一“内在性”与其所说的主观性不可分离。内在性不能被等同于内省我们自己的精神状态这一习惯；否则内在性就成了一种超然的沉思，而不是积极的投入，这相当于把它比做一种观察的态度，克尔凯郭尔把这种态度和客观性联系在一起。相反，它表现为自我承诺，以及履行这种承诺的精神：一个人要表现出内在性，得通过他形成的决心、他认同于这种决心的真诚程度，以及这种决心在多大程度上掌控他应对自己所面临的处境的方法。如此理解内在性，它便和在《附言》中占据主要地位的伦理观有密切的联系。在《附言》中，心灵的诚实、目标的单一与对社会惯习的因循守旧截然不同。在这里，作为个人，有必要遵从自己内在的信念，这被认为重于任何关于偶然结果或历史结果的考虑。不过，这还不是全部。因为对于有关宗教信仰，尤其是基督教信仰的陈述而言，它也被证明是基本的。内在性同样是信仰的一个基本条件。按照前述，这暗示着应该把内在性归于行动范畴而非认知思维这一范畴。关于这一点，克尔凯郭尔所说的大都会引来这样的读解。他着力强调如下观点，即基督教不是“客观知识”的问题，它所包含的信仰不应相当于我们对待数学演算和科学假想的冷淡的默认。相反，它要求整个人充满激情、坚定不移的投入，投入的程度至关重要。和之前一样，他在这里强调的似乎是个人的献身，强调某一道路进入何种思维以及这种思维的构架，还有，如何一直这样走下去。

宗教信仰不但意味着认同某些观念，而且要求献身于某种生活模式——这一看法几乎不会有什么争议。不仅仅是克尔凯郭尔一个人坚持认为，上述看法应该深刻改变一个人生活的基调和特性，尽管他理直气壮地谴责当代“基督教世界”的代表人物，说他们显然都没有达到这样的要求。另一方面，更有争议的是这样的观点：正统的宗教信仰，其**全部的**需要是在行动上遵循某种深信不疑的理想，并投入到某些实践中；若要更为恰当地理解其基本要旨，那就是它表达了一种道德见解或者包含了精神价值，而不是构成某些肯定的主张，人们声称这些主张在字面意义上或在特定的事实中是正确的。在启蒙时期一些理论家的著作中，这一看法已经初现端倪，在现代，它也并非没有拥护者。近来，某些基督教思想家尽管对实例的解释常常各不相同，但他们都表示，人们不应该认为关于(例如)上帝之本质或个人之不死的主张与对一种先验现实或超自然现实的明确的真理宣告相关。相反，我们最好从一种“非现实性的”、以事实为中心的角度来理解这些主张。在宗教中，它们的作用是调节，而不是描述或预见。由此可知，想用一种假定去证实这些主张——这些主张直接代表了与事实有关的看法——是一种误解。诸如休谟和康德这样的批评家可能已经成功地质疑了后一种努力。虽然他们提出这些质疑,也许间接地有助于引发人们去思考对信仰的关注有什么真正意义,但是,他们的反对不再需要考虑去触及这种关注。

有时，赞同以上思想的哲学家会提起克尔凯郭尔的名字。他运用唯意志的和情感的观念来描述宗教信仰,初看之下这完全符合如下立场,即把宗教信仰解释为一种现实思虑和意志力的态度,而不是认识性接受。而且,他所谈到的,即在这一点上我们根本不需要客观的证据或可作为佐证的观点,显然也得到了现代哲学家的声援,他们谴责这样的要求误解了宗教观念的真正意义。不过,这些表面上的相似之处有可能隐藏着更深的分歧。不管他如何强调信仰积极的一面,不管他如何轻蔑地拒绝要为之提供理性基础的努力,我们仍然很难看出,克尔凯郭尔如何避免将这一类方法看做是例证了另外一种尝试,即逃避在他看来是由基督教所提出的挑战的尝试。因为,用所提出的方式强调表面上已经明确的东西,难道它们实际上不正是在剥夺他最想突出的特征本身吗?

在《附言》中,克尔凯郭尔实际上丝毫没有偏离一个命题:基督教具有内在的自相矛盾,人的理性无法解释它。这是《片断》的核心观点。的确,在后来的作品中,他尽力区分宗教意识的不同层面或阶段,这些区别并非总是得到了一目了然或系统性的评述。结果是,读者有时不知道到底应该如何准确理解信仰和理性之间的关系。有时,他在行文中似乎相信上帝是存在的,相信永恒的幸福这一承诺包含一种“客观的不确定性”,就是说，彼处在此处，肯定不需要理性的证明，甚至在理性看来是不可能的。他说，如果彼处在客观上是肯定的或安全的，那么就不会存在冒险的问题，而如果没有冒险的可能性，就不会有信仰。信仰“准确地说，就是个体内在性无限的激情与客观的不确定性之间的矛盾”——这个问题就是“走向深深的、超过七千英寻深的水域”（《附言》第 182 页）。不过他还表示，对基督徒的信仰的要求比这要高多了，它要求个人“拿他的思想去冒险”，要求他相信与理性**相悖**的东西。它告诉我们，基督教

> 已表明自身是一种**自相矛盾**，它要求个人信仰的内在性与某种东西相关联，这种东西在犹太人看来是冒犯，在希腊人看来是愚蠢——对理性而言，则是荒唐。
>
> （《附言》第 191 页）

我们也不会怀疑，克尔凯郭尔心里主要想的还是道成肉身这一现实。正如他在另一处所说的，“与它的本质相符合的是永恒的适时成立，它诞生、成长、死亡——这违背所有的思维”（《附言》第 513 页）。

类似这样的话清楚地表明，早先阐明的观点没有收回。信仰对理性之种种观点的否定再次——如果有的话——得到进一步的强化。基督教具体涉及到放弃对有限理解力的“自然的”区别对待，进行一次“实质上的飞跃”，跃入到理性之光难以照到或排斥理性的领域（《附言》第 159、343 页）。另一方面，《片断》中已经强调的观点，即它也要求通过神恩的奇迹力量而产生某种内在的转化，将这种力量作为启动这种转化的条件——这一点很不明显。相反，《附言》关注的重点——据说它主要关

注**成为**基督徒意味着什么——几乎只是人类主体所采取的姿态。尽管在理性上难以说通,尽管遭到理性的反对,我们仍然相信某些东西是真的,这似乎被视为个人投入和献身的问题,它和矢志实现生活中的承诺或坚持贯彻策略是类似的。在这种情况下,信奉者的处境非常类似一个人在有意图的行动中遭遇到对立的引诱。而且,如果我们考虑到克尔凯郭尔与众不同的、措辞多少有些神秘的观点——严格意义上的行动应该有别于它所引发的、外在的或公开的行为,恰当而言,它限于"内在的"决定,通过这种决定,一个人在存在主义意义上认同于他先前只在理论上讨论的观念——那么,这种印象就更深刻了。(《附言》第302A页)总而言之,可能的情况是:克尔凯郭尔远非努力贬低或消除信仰中先验内涵或超自然内涵的意义;相反,他努力强调命题和实践两个方面的密切关系,同时清楚地揭示出宗教意识的主观倾向与客观思维和客观研究那典型的超然视角二者间的天壤之别。基督教信仰要求人们接受在理性看来是难以确定的,甚至荒唐的东西。在这里,对内在性的"强调达到了极致"。同样地,可以说它构成了"人类主观性这一领域中的最高激情"(《附言》第118页)。而且,还可以说它构成了真理。"主观性,"克尔凯郭尔后来一再强调,"就是真理。"

主观性的真实性

如果说上面引述的著名观点令《附言》的一些读者感到头晕目眩,那并不奇怪。平常而言,我们惯于将关于真实或虚假的问题和另一个问题联系在一起,即关于实实在在的事物如何独立存在,无论人们怎么看待它——怎么充满激情地感受它——都不会影响这种存在的问题。克尔凯郭尔是否认真考虑过反对这一平常的观点，用完全不同的另一个观点来取代它呢？果真如此的话，那么，他认为可以拿什么来取而代之呢？如果他没有这样考虑过，主观性与真实性之间已经表明的一致性实际上又意味着什么呢？

下面这段话的重要性在其上下文中已经得到强调。在这段话中，克尔凯郭尔提到引出真实性问题的两种独特方式。

> 如果以一种客观的方式提出真实性问题，反思便客观地指向真实性，把它当做一个物体，与知者有关……如果只有与他有关的这个对象具有真实性，那么，主体就相当于处在真实性中。一旦关于真实性的问题以主观的方式提出，反思便主观地指向个人关系的本质。只要这种关系的模式存在于真实性中，个人就处于真实性中，即使他因此可能会碰巧与不真实有联系。
>
> （《附言》第 178 页）

克尔凯郭尔在详述自己想表达的意思时，强调有必要区别评估信仰的两种模式，它们涉及信仰“是什么”和“怎么样”。“客观上强调说了**什么**，主观上强调是**怎么**说的。”迄今为止，至少只要涉及宗教信仰，他似乎就认为后一种模式是基本的。在另一段有名的话中，他把一个人的处境和另一个人的处境作比较，其中一个虽然对上帝有“正确的看法”，但用“错误的精神”向上帝祷告；另一个虽然属于盲目崇拜的群体，但“以无限的全部激情”向自己的偶像祷告。在克尔凯郭尔看来，第二个人而不是第一个人将会发现 “最大的真实性”——“这人虽然崇拜偶像，但他实实在在向上帝祷告；另一个向真正的上帝作虚假的祷告，实际上等于崇拜假神”(《附言》第 180 页)。

尽管在阐述上有些奇怪，克尔凯郭尔在这里主要关注的是真正相信某种东西这一观念的模糊性。在某种意义上，可以认为该观念指的是，相信的东西与真正的东西相互吻合。而在另一种意义上，它指人们以何种方式同意某一信仰，即如何真正地或深切地相信它；真实性中的“主观性”在本质上属于第二种意义上的信仰。不过依照这种解释，他将真实性等同于主观性，这似乎相当于重新认可个人投入和充满激情的奉献的价值，它们与内在性联系在了一起。如此说来，只要一个人坚守自己的信仰，不管这信仰是什么，只要他恰当地与其紧密相联，信仰似乎就会把任何信徒都包含到真实性之中。如果基督教信仰所要传达的最大真实性就是这个，人们可能会感到，它多少有些被局限于自己所给出的确信之中了。因为在此意义上，如果无神论者绝对地、坚定不移地信奉他的无神论，真实性也许同样可以归属于无神论者的观念，正如可以归属于有神论者的观念一样，二者理由同样充分。鉴于克尔凯郭尔宣称认可基督教的要旨——(我们刚刚看到)这使他有信心区分“真正的上帝”和偶像，我们难以想象他心中没有更为实在的想法。

当然，有些地方也暗示了另一种解释。首先，克尔凯郭尔孜孜不倦地坚持在主观上接受基督教这一过程的独特性；坚称真正把自己奉献给一个自相矛盾的观念的人，其内在性达到了最强烈的程度。其次，他似乎——至少有时是这样——暗示，个人投入的激情或情感强烈到一定的程度也许能保证这些观念在客观上是正确的。因此，他在 1849 年 12 月的一篇日记中明确提到了《附言》。他说，如果知道信仰“怎么样”，也就会知道它“是什么”。又说，在这里“我们有最大程度的内在性，它被证明是客观性”(《日记》第 355 页)。在《附言》中,他拒绝尝试“有系统地”证明个人的永恒。他表示,相反,我们应该转向主观性——永恒被认为是主观性“最渴望的利益”,而且,“证据也正是存在于这种利益中”(《片断》第 155 页)。可以理解,这些话的所指或许会被理解为:基督教信仰所固有的奉献和渴望的力量,其本身便足以确保其真实内容的有效性。我们跟随“主观性之路”,就可以获得真实的顿悟;而如果我们受到客观研究这一冷静方法的束缚,去追求无穷无尽的“接近之路”,那是绝对无法获得这种顿悟的。

上述思路的问题在于,我们仍然很不清楚,只靠主观的信念或热烈的渴望如何能够证明我们所相信的或渴望的是真实的。一位批评家因此抱怨,这里提到的观点涉及一种明显的**无逻辑性**。这位批评家指责克尔凯郭尔将它与先前提到的更为无力、事实上不甚明朗的观点混为一体,误导人们;归属于信仰的“真实性”在此只存在于它引发的内在性的深度中,结果是,人们很容易认为,他以某种方式设法承认基督教信仰,这种方式并不受传统上确认或支持基督教的种种形式所遭到的反对的影响。这一批评看到了一些谬误,这些谬误可归因于克尔凯郭尔后来的一部分追随者,批评因而具有相当的力量。同样,不能否认的是,他自己容易给人这样的印象:在完全不同的立场之间摇摆不定,让人无法肯定他的观点到底是什么。他关于这一点的论述存在着诸多困难和含混,我们最终却不知道,这些会在多大程度上真正冲击他的基本目标。他的目的实质上是不是解释性的,是不是意在表述信仰在概念上和现象学上的含义,而不是在认识论上为它作任何辩解——尽管有暗示他可能是这样,但究竟是不是这样,在这里和在别处,这些都还有待讨论。由于这一原因,他主要关注的仍然是把宗教信仰归属到他认为适宜的领域,即个人选择和个人投入的领域,而不是超然的思考和评价这一领域。的确,我们有可能认为,他的断言(前面已经引述),即基督教的真实性"只存在于主观性之中",只不过是表达这一观点的一种方式。正如他经常提醒我们的,他认为这是信仰的本质,它让个人去冒险,这是怀着全心全意、热烈激昂的决心,决心完全接受某种东西,任何智力的实证和客观的根据都无法理解这一举动。同时,走上这条道路,必须有一个前提,那就是要有一个真正的问题,它涉及到如此一来,我们要接受什么样的现实。但是,一个人把自己这样奉献出去,还不能说因此就解决了这个问题,否则,这一公认的冒险的关键因素在哪里呢?

然而,如果我们遵循这个解释,我们就会不可避免地碰到其他问题。在克尔凯郭尔的作品中反复出现一个观点,即信仰屈从于意志。它在哲学中惹出诸多争议,尽人皆知。它还暗示更多的含混。我们当然可以**假装**自己相信某一观念是真的,因而决定依此行动,却任凭其实际的真值——至少暂时地——悬而未决。这种情况很清楚,人们常常允许其发生。我们也可以想见(如帕斯卡指出的),在此行动中的坚定不移也许会产生这样的结果:我们最终会相信事实中的主张,并且不仅仅是假设性地相信。有一点不太明显,即我们可以有意识地、直接地让自己简单地相信某种东西,不管我们根据什么相信它是真的,甚至可能面对铺天盖地的相反证据亦坚持己见。并且,一旦我们被要求去相信的东西据说具有内在的自相矛盾——它不仅缺乏客观基础,而且在理性看来,它本质上就让人无法接受或"令人不快"——这些困难就会变得复杂起来。在何种意义上我要去相信某种我知道严格说来是令人无法想象的东西，一种“有悖于所有人类理智”的矛盾？克尔凯郭尔坚决认为基督教信仰在任何程度上都与可能性没有任何关系，而且宣称信仰的这一对象是“荒唐的”（《附言》第 189 页），他认可的似乎就是，这样做是可行的。

要应对这里可能遭遇到的反对，他本来可以援引一个使其观点成立的条件，那就是《片断》中尤其突出描述的神恩。提出这种内在的转化会使一个人有可能接受在人的理性这一有限的视角看来不可思议的东西。不过，如果克尔凯郭尔所提到的“荒唐”，被认为是在辨别某种字面意义上不连贯或自我矛盾的东西，那么，我们不清楚，这个观点针对的是否真的是目前这种背景下真正要争论的话题。因为这涉及到这一观点是否说得通，即一个人可以相信某种东西，同时知道它肯定是或显然是错误的。有些评论者因此推断，他不可能真的打算提出如此怪异的命题，对于自己的立场反而采用不太极端的表述。例如，人们认为，根本没必要把他关于荒诞的看法理解为不仅仅暗示了理性支持的缺乏。这样，我们在回应基督教提出的永恒拯救这一许诺的时候，就必须对一个宗教的真理之谜作出全力的许诺，这一真理超越理性的范畴，但这不是说要求我们去相信我们清楚地知道与此相悖的东西。另一种情况是，有人指出，对克尔凯郭尔来说，道成肉身是自我矛盾的，因为它根本冒犯了我们的情感而不是我们的理解力：我们感到上帝以一种非常不合适的形象出现，忍屈受辱。他是神，不该如此屈尊。在克尔凯郭尔不同的作品中，尤其在《基督教训练》中，当然有这样的话，它们符合后一种看法。即便如此，《附言》里的很多话表明，他心里绝不仅仅是在想这一点。他也许认为，道成肉身在情感上或道义上引起我们的愤怒，因为它令通常的期待充满不解，或颠覆一般人认可的评价。不过，从他常常带有这种意思的断言来看，他想强调其冒犯理性的结论似乎是情理之中的。他在谈到为信仰而“殉难”时，认为这是“将理解力钉在十字架上”，这当然并非一派空谈。

第六章

自由与自我

克尔凯郭尔在某种或多种严格意义上认为基督教是自我矛盾的——无论这一观点还有多少可争论的空间,至少有一点是毋庸置疑的:他从未偏离过一个观点,即基督教的终极意义只能通过个人的吸收和内在的信奉才能把握。如此,他在把信仰这一概念从他认为掩盖了其基本特质的种种误解中分解出来时,可以说通过了不同的联系,又一次回到构成他思想的试金石——某一特定的人类主体,即"存在的个体"这一范畴。他不厌其烦地赞扬苏格拉底(尽管他视其为异教徒)第一个引入关键的概念,这一概念"具有决定性的辩证力量"。他为自己感到自豪,因为是他着手在当代的背景下重新肯定和突出这一观点的重要性。他认为,在这样的背景下,人们普遍不是无法洞察其意义,就是顽固地对其真实含意置若罔闻。不过,他怎样解释这一范畴应该放在具体的基督教视角下去理解,这当然还是个问题。谁是这个孤独的、负责任的、立于克尔凯郭尔世界之中心的"我"? 这个"我"的需要是什么,如何满足这些需要? 对他的两部作品——《焦虑的概念》和《致死的疾病》——的主题进行简要地思考,可能有助于我们理解这里提到的问题。

虽然上述两部作品常被称为克尔凯郭尔的"心理学之作",

不过，如果一个现代读者认为它们遵循心理学更为常见的研究方法，那么他可能会感到失望。这些作品不但经常提到天真、负罪和拯救这样的观念，并且其风格是哲学导向的，观点密集，不易看透。到处是抽象概念，而克尔凯郭尔并不总是打算解释他选用的这些深奥的术语。结果是，有些话产生的困惑不亚于黑格尔的《精神现象学》中那些更为晦涩的章节。这也许并非完全是巧合。尽管人人都知道克尔凯郭尔反对这位德国思想家的结论，但他并不讨厌吸收后者偏爱的观念和分类，即使这意味着将它们用于截然不同的目的。此外，黑格尔运用了其中一些观点描述他重点关注的某一情境。我和其他的评论家一样，认为我们首先应该看到，克尔凯郭尔对同样情境的分析是以黑格尔为背景的。

黑格尔把这里提到的情境和宗教联系在一起，归于"不快意识"。正如我们在第二章已经看到的，这一表述被用来界定人的历史发展中之某一阶段。在这一阶段，人认识到自己是一个分离的存在，具有"双重性"和"分裂的内在"。一方面，他意识到自己是一个有限的个体，立于经验世界中，服从于变幻沧桑的时世。另一方面，自己拥有一个"不可改变的"或理想的本质这一想法缠绕着他，这一本质独立地支持困扰他的经验现实的种种偶然性。他无法调和自己本性中的这两个方面。结果是，他认同第一个方面，而将第二个方面理解为一个先验的"他者"或"异己的存在"，他与这种"他者"或"异己的存在"是对立的，同时努力与之和解。不过，他这样看待自己的情境是不真实的；一旦人的心灵最终在不成熟的生活模式和意识模式中克服其自我疏远，一旦心灵处于某一位置，因而认识到它和它所处的这个世界体现了一种无限的或绝对的理性本质，而这种本质只能在有限中并以此种有限作为媒介才能得以理解，那么，这一情境的真正意义便会一目了然。

我们没有必要复述克尔凯郭尔对唯心主义形而上学的反对。正是依据这一反对，他剖析宗教观的来源及其潜在的内涵。他在一个框架里提出自己的方法，这一框架以传统有神论的双重视角为前提，他并不打算取代这种视角。但是同时，黑格尔在对不快意识的特别立场进行讨论时充满了对立——也许这并不奇怪，他在论述个人在宗教环境里的地位和渴望时，这些对立有可能占据主要地位。他不仅认为有限与永恒的对立、人与神的对立在本体论上是基本的，而且，这种对立还最终主导了他对人性及其基本倾向的描述。

克尔凯郭尔的心理学著作遵循我们所读出的《附言》的一般要旨，强调行为和选择二者的有生命视角，进而用动态和关于意志的术语描述人的个性结构。从一个角度看，人可以说是“灵魂和物质的综合体”，紧密结合了精神和肉体的特性。如此看来，他可以说和世界的其他万物一样，都属于一类实体，这类实体的特点就是拥有某种明确的品性。不过，仅仅从这一点来理解个体，将看不到一个事实，即他可以超越自己的天性和外在的环境，他必须也被理解成是“精神”的——克尔凯郭尔把这一重要的维度与获得“自我”这一观点联系起来。众所周知，他把后者晦涩地界定为“一种关系，它把自己和自己联系起来”（《致死的疾病》第 13 页），这一层面则是其基础。虽然我们已经花了很多时间和精力，试图确定他的这番怪话到底是什么意思，但是在这里，我只想提出在我看来包含了这番话的复杂讨论的一个要点。要做一个人，并不意味着存在于存在的模式中，而是存在于生成的模式中。一个人要变成什么样，由他自己负责,这是他意志的产物,哪怕(似乎常常如此)他不想面对,只想躲开。并且,我们可以认为,每一个个体都意识到——无论是明确地还是无意识地——在他对环境现时的看法和在某种意义上可以得到的其他选择之间存在着一种张力。正如克尔凯郭尔在某处提到的,活着的人没有谁"不暗暗怀着一种不停歇的内在冲突,一种不和谐……一种对存在的某种可能性的焦虑或对自己的焦虑"(《致死的疾病》第 22 页)。不过,这些令人不安的暗示和态度不应该被认为只限于某些历史阶段,一旦人的心灵最终(用黑格尔安慰人的话来说)"安然"立于这个世界上,它们注定要消失。相反,克尔凯郭尔认为它们揭示了人的本性,它们以各种各样的形式彰显在每个人的生活面相中。不过,果真如此的话,照他说来什么才是他提到的这种不安或忧虑的真正意义呢?

克尔凯郭尔关于焦虑或恐惧(Angst)的观点非常有名,既通过他对 20 世纪哲学家如萨特和海德格尔不可置疑的影响,也因为它鲜明地突出了心灵的某些明显的"无目标"状态,我们在日常生活这一层面上都可认识到这种状态。而且,他对上述观点进行了复杂而影响深远的论述,涉及了广泛的现象,包括童年时代对神秘或怪诞之物的着迷,以及后来与性冲动的萌发有关的种种预兆。的确,作为展开讨论的语境,这一观点所包括的不同方面也许有助于我们解释属于不同派别的思想家们对他的分析持有什么看法。这些思想家中有许多人根本不赞同这一概念的独特立场。

上面引用的话暗示了其中的一个方面与对自由的觉悟有关。克尔凯郭尔早在关于主体的著述中就清楚地表明,令他感兴趣的焦虑不应与诸如害怕这样的情感混为一谈。害怕有明确

图 14 “自由的晕眩”；一位蹦极者被“能够做到的可能性”所吸引，同时又被这种可能性所拒斥。

的对象，特别指向外界的事物或事件。相反，与焦虑有关的是"某种虚无的东西"，是代表了"自由的真实性，这种真实性是可能性之可能性"(《焦虑的概念》第42—43页)。萨特有一次明确提到克尔凯郭尔的独特之处。他认为，如此构建的焦虑在本质上是"我自己面前的焦虑(angoisse)"：就像是害怕一样，我不会作为环境的一个被动的牺牲品去关注会有什么发生在我身上。相反，这里的情境源于我意识到自己是一个积极的主体，能够面对和回应各种可能性，没有任何东西能在客观上强迫我去选择一种回应而不是另一种回应——在这里，我是唯一的仲裁者，想做什么完全取决于我自己。萨特援引了"蹦极"的例子。据说一个人与其说害怕真正从悬崖上掉下去，还不如说害怕的是这个想法：如果他选择"把自己扔下去"，他就能做到。这令人想起——无疑是有意地——克尔凯郭尔自己运用的一个意象，即把焦虑比做俯视裂开豁口的深渊时的感觉。因此在某处，他把这描述成"自由的晕眩"，发生在当"自由俯视自己的可能性，抓住有限性来支撑自己"时(《焦虑的概念》第61页)。然而，克尔凯郭尔在其他地方又把它说成是"**和谐的反感**和**令人反感的和谐**"；主体被描述为摇摆不定——令人不安的"**能够**之可能性"既令它着迷，又令它厌恶(《焦虑的概念》第42页及其后)。

这些描述所感染的紧迫与紧张的气氛预示着后来的许多存在主义著述在这个主题上的基调更为突出。这种基调常常招来批评，说它反映了一种一再出现的倾向，该倾向夸张或过分戏剧化日常思想和行为这些大片领域的意义。不过，无论此种批评在其他方面具有何种可以想见的力量，克尔凯郭尔绝对拒绝承认它与自己的观点有任何关联。萨特描述面对自由的焦虑，也许成功地表达了他的一部分想法，不过，他最为关心的是自己的想法在宗教上有什么意义。这样理解的话，它涉及的因素属于另一种秩序，不同于他那些更为关注现世的后继者所引证出来的因素。他相信这些因素对我们作为人类的发展和最终命运来说关系重大。

实际上，焦虑这一概念首先出现在他对原罪的讨论中。在关于堕落的圣经故事里，亚当开始不知善恶之别，也不了解善恶所引起的一切后果。即便如此，禁止他吃知识树上的果子还是“使他开始意识到自由的可能性”。克尔凯郭尔认为这个故事以神话的形式阐明了在每一位个体的经验中，“自然而真诚的直接性”这一状态以何种方式转化为自我意识和自我决定的状态。在天真这一状态中，“人的精神在做梦”：虽然他还不知道自己在精神上想做什么或想成为什么，但他已经有了不确定的预感，感到自己作为一个有能力塑造自我及其未来的自由存在所具有的潜力——“这是天真深刻的秘密：它同时也是焦虑”（《焦虑的概念》第 41 页）。不过，这里提到的潜力是什么，个体又如何能注意到它的特性呢？按照克尔凯郭尔所描述的情境，似乎他首先只能通过体验罪过来注意到这一点。因此，他所谈到的基本的焦虑成了罪过的前提条件或“假设”，因而没有构成它必要的原因。后者不受任何宿命论或科学解释的影响，人人“只会通过自身”而变得有罪。另一方面，如果认为这种焦虑预示的仅仅是有可能犯下罪过，那是不正确的。因为它也间接预示了认识到这样的事实，即可以把一个人有限的支配权的源泉引向截然不同的道路，人认识到自己作为单个自我的真正身份在于他与永恒、与神的联系，而不是与时间的或世俗的思虑的联系，后者使他偏离自己正当的目标。在正确理解人的存在后，这种存在的形式便成了“持续的奋斗”，追求超越世俗领域的完满；我们只有自由地献身于一种超越客观知识和理性理解的力量，才能获得这种完满。“自我”如此“乐意成为自我，它显然依赖于将其建立起来的力量”(《致死的疾病》第49、131页)。克尔凯郭尔断言，这却是“信仰的公式”。因此，焦虑有可能导致我们那“实质上的一跃”，不是跃入罪过之中，远离上帝，而是跃入其对立面：“与罪过对立的”是信仰而不是美德(《致死的疾病》第82页)。换言之，我们再次回到了克尔凯郭尔在这里所称的“基督教之关键标准”——接受一种客观的不确定性，那是理性无法把握的，但有了神助，再经由它，人就可以获得拯救。

以上代表了一个复杂讨论最基本的框架，它的主要特点在于它强调人们无法在所要求的意义上实现自我时有多种不同的表现。黑格尔的评论家肯定会质疑：假如一个人在满足自己作为这世界的一员所拥有的需要和利益时不得不承受它的局限性，那么这里所涉及的自我实现是否妥当。此外，它的积极内容仍然难以捉摸，并最终是神秘莫测的——也许在此背景下，这是不可避免的。不过，人们仍经常赞扬克尔凯郭尔，因为他洞察了种种精神失衡和疾病。两部所谓的心理学著作实际上充满着具体的例子，它们常常体现出敏锐的洞察力。他研究人们为了逃避挥之不去的绝望的本性，试图借用权宜之计让自己镇静或转换注意力——在这种时候，这一点变得特别明显。在分析这些例子时，他充分利用自己与众不同的才能去界定阻碍自我认识和自我理解的幻觉或辩解。这种分析令人想起他早先对《非此即彼》等书中所举的那些例子的剖析。他也竭力区分这些例子和另外的例子，在后一种情形下一个人可能通过骄傲或挑衅，有意识地拒绝自己获得改变和拯救的可能性——在这里，“没有什么含糊费解可以充当缓冲的借口”(《致死的疾病》第

Sören Kierkegaard in later years

Woodcut by H. P. Hansen

图 15　克尔凯郭尔戴帽像。

42页)。常常地,许多观点令人信服的特性和力量因此带上了冲突和危机的印记,这些冲突和危机出现在他自己的个人经历中,记载在他的日记中。不过,在评估他在这一点上所说的一切时,困难还是出现了。在某种程度上,这是因为他倾向于灵活地处理关键概念,从而使运用它们时的界限摇摆不定,不清不楚。他的许多作品都有这个特点。因此,他在运用《致死的疾病》的中心观念——绝望——的时候,它的意义有时相对严格,与其平常的用法没有区别;可是在更多时候,它似乎涵盖了——虽然以意味深长的不同形式——排斥信仰出现的任何条件。无疑,这进而与一个事实有关,即他的心理学形成于这样的框架中,这一框架的限制因素最终由他写作时的宗教观点来决定。人性的结构导致个人只能通过接受基督教教义,才能使自己从绝望中解脱出来,满足他作为一个人的根本渴望——这是设想,而非争论。不过,这意味着在解读克尔凯郭尔的观点时,我们并非总是那么容易分清什么才算是真正的经验分析,什么更像是先验的条件。

第七章

结语

在本书的大部分篇幅中，我想强调克尔凯郭尔的思想对他那个时代不同的学术倾向提出的挑战，尤其是那些有意要把基督教教义与人的理性可以一眼看透的术语等量齐观的倾向。当然，如果认为这样的挑战就是他讨论宗教的全部目的，那就错了。正如我们先前已经看到的，他至少同样有意抵制一种在他看来具有普遍性的倾向，这种倾向受到丹麦教会代表人物的鼓动，它通过拒绝在实际生活和现实动机这一层面上基督教教义的意义，来削弱其力量。参加已然确立的宗教仪式是不够的，满怀敬意地重复基督的话也不够；必须要遵循基督的话行事，以他为榜样。克尔凯郭尔的那些明显的宗教著述和论辩大都用自己的名字发表，其他的以笔名发表，理论性更强。在前一类作品中，克尔凯郭尔意在强调基督教对个人的严厉要求。"基督教世界"的特点是隐蔽的俗气和虚伪，这一点必须毫不留情地揭露出来。像《心灵的纯粹》和《基督教训练》这样的作品目的很清楚，就是要揭示"为世界而死"的真正含义，把所有"相对的目的"放到一边，全心全意地遵奉上帝的意愿。这里不容许有任何妥协，任何人想削弱或淡化宗教所要求的尘世牺牲的性质，就相当于逃避和"反复无常"。没错，克尔凯郭尔对基督教理想的解释使一些批评家指责他贬低这一宗教充满怜悯和提倡集体主义的一面，指责他过于强调个人拯救。虽然像《爱之作》这样的作品部分掩饰了这些反对意见，但在其中爱自己的人类同胞被说成是“唯一有福的安慰”；没有这种爱，一个人就不是“真正在活着”。不过，不可否认的是，在绝大多数时候他语气严厉，甚至苛刻。但与此同时，我们不能忘了，正如评论家路易斯·麦基所说的，在这方面他所写下的大都是“充满启迪的雄辩”。他想“令世人震惊，让他们认识到基督教的绝对观念，因而受益。还要提醒他们，在这种观念下他们自己的缺陷”。如果他的一些“提醒者”显出威吓的和越来越阴郁的语调，坚持认为罪过普遍存在、受苦是必然的，如果这种语调使他的许多读者不知所措，他当然不会感到奇怪。我们不能说他低估了基督教——至少按他的理解——冒犯他人的能力。这样看的话，如果个人想拒绝基督教，他随时都可以这样做。

克尔凯郭尔从来没有明显偏离过一个观念：就像献身于其他的存在模式一样，献身于基督徒的生活方式总归是一件个人决定的事情，每个人必须自主行动，不可能有什么客观的理由来证明其正当性。诚然，他在这一点上的立场有时表现出明显的模糊性。我们并非总是很清楚，他在其理论作品中是否认为自己只是阐述了一种给定的方法或观点所牵涉到的内容，向那些运用这一方法或观点的人们强调其意义；也不总是清楚他有时是否认为自己在表述不受一般条件限制的观点，它们超越具体的看法，可以有根有据地要求某种独立的正当性：我们在讨论他关于真实性的观点时，已经注意到类似的张力，在其他地方，它同样显而易见。不过，毫无疑问，在他对人类境遇的描述中，关于激进的或终极选择的观点仍然占据着核心地位。事实证明，这一观点在伦理理论和宗教思想两个领域中都很有影响。在世俗层面上，它有助于形成为许多不同的存在主义作家所共同认可的观念，即道德判断终究只是个人决定的一个实践。至少在他们看来，认为有一个可被揭示的客观价值领域独立于我们而存在，那是一种幻觉。相反，到制度化的或社会公认的行为模式中去寻求帮助，人就有可能成为“坏信仰”，即非真实性的牺牲品。就宗教而言，它的影响是直接而重大的，尤其在某些路德派的神学家看来，它给他们所属的传统增添了新生力量和动力。埃米尔·布隆内尔和卡尔·巴特等人的大部头作品阐释了我们这个时代的观点，他们着力谴责理性，赞同非理性的献身，服从于神恩。在布隆内尔看来，理性“被赋予我们，不是为了让我们理解上帝，而是理解这个世界”。他和巴特都不希望限定基督教的先验观念，但他们都一致抨击“错位的理智主义”，它试图将适用于自然知识和理性研究的标准用在这些观念身上。在这里以及在他们的其他许多论点中，他们显然都在呼应克尔凯郭尔的观点。

我们必须承认克尔凯郭尔对宗教领域所产生影响的深度及重要性，同时又不能过于夸大。如果说有些基督教思想家接纳他的思想，认为它们提供了一道屏障，可抵抗理性主义的臆断和入侵，那么也有人反对说，这样做的代价是，人们无根无据地选择基督教而不是其他宗教或体系，甚至剥夺它为了令人相信而提出的所有严肃的主张。显然，这主要看人们如何看待这些思想。认为接受基督教信仰就是献身于一个独立自足的领域或“生活方式”，其本身的正当性最终无法以外界的标准或评价模式来说明，这是一回事；认为其内涵在某种意义上基本是诡辩的，显然是“荒唐的”或矛盾的，这又是一回事。既然克尔凯郭尔不仅赞成第一种观点，也赞成第二种，那么他的立场就会产生特别的问题，这并不奇怪。

不过，这些在哲学上和神学上引发的话题远远超过当前的探讨所涵盖的范围。我们不应该被它们蒙住眼睛，看不到克尔凯郭尔著作里其他吸引后世的特点：他对人之存在的见解充满了独特的激情；他在挖掘这种存在的各种可能性时在语言方面显示出独创性和想象力；他在讨论一个人强烈地意识到宗教信仰的困难后，努力获得并保持宗教信仰对他意味着什么时传达出鲜明的意识。这些特点只能通过阅读他本人的著述才能完全领会，也许就是这些特点吸引了路德维希·维特根斯坦。维特根斯坦表达了对他的深深敬意。他并不完整却颇含深意地谈到宗教信仰独特而自足的特点时，常常回想起克尔凯郭尔。有一次，维特根斯坦说道：

> 一个诚实的宗教思想家尤如高空走索的人，他的双脚几乎只是踏在空气中，得到的支撑微乎其微，不过，这样行走确实是有可能的。

我不知道，他在写下这番话时，心里是不是在想着克尔凯郭尔，虽然这看起来很有可能。无论如何，这番话是有道理的。

索引

（条目后的数字为原文页码）

A

B

C

D

E

F

K

L

M

N

O

P

R

S

T

U

V

W

Y

Patrick Gardiner

KIERKEGAARD

A Very Short Introduction

Contents

Preface

The range and diversity of Kierkegaard's literary production do not make the task of providing a short introduction to his thought an easy one. Rather than attempting to cover all its different aspects, I have felt it better to focus attention chiefly upon those that were most closely related to the intellectual and cultural preoccupations of the period to which he belonged. Amongst other things I have sought to trace the considerations that led him to develop his own distinctive positions concerning the status of ethics and religion, while at the same time indicating some of the ways in which he exercised an important, if delayed, influence upon the subsequent history of ideas. This limitation of scope has meant, however, omitting from discussion various of his many publications, including ones where he addressed himself most directly to the nature of the religious life as he believed that it should be understood.

In part of chapter 4 I have drawn upon certain material previously published in a lecture which I delivered to the British Academy several years ago: it appears here in a considerably revised and altered form.

Abbreviations

The following abbreviations are used in references to Kierkegaard's works:

CA	*The Concept of Anxiety*, tr. R. Thomte and A. B. Anderson (Princeton University Press, 1980)
CUP	*Concluding Unscientific Postscript*, tr. D. F. Swenson and W. Lowrie (Princeton University Press, 1941)
EO	*Either/Or*, 2 vols., tr. D. F. and L. M. Swenson and W. Lowrie (Princeton University Press, 1959)
FT	*Fear and Trembling* and *Repetition*, tr. H. V. and E. H. Hong (Princeton University Press, 1983)
J	*The Journals of Soren Kierkegaard*, tr. A. Dru (Oxford University Press, 1938)
PA	*The Present Age*, tr. A. Dru (Fontana Library, 1962)
PF	*Philosophical Fragments*, tr. D. F. Swenson, rev. H. V. Hong (Princeton University Press, 1962)
PV	*The Point of View of my Work as an Author*, tr. W. Lowrie (Harper and Row, 1962)
SD	*The Sickness unto Death*, tr. H. V. and E. H. Hong (Princeton University Press, 1980)
SLW	*Stages on Life's Way*, tr. W. Lowrie (Schocken Books, 1967)

List of illustrations

Chapter 1
Life and character

Kierkegaard on more than one occasion likened genius to a thunderstorm that comes up against the wind. Whether or not he had himself partly in mind when making the comparison, it seems in retrospect to have been an apt one so far as his own intellectual career was concerned. Like Marx and Nietzsche, he emerges as one of the outstanding iconoclasts and rebels of 19th-century thought, writers whose works were composed in conscious opposition to the prevailing assumptions and conventions of their age and whose crucial contentions only achieved widespread recognition after they were dead.

In Kierkegaard's case recognition was particularly slow in coming. He wrote in Danish, and to his Danish contemporaries he was – in his own eyes at least – a 'superfluous' figure; either they did not read what he wrote or else, if they did, they misunderstood its underlying import. Even when, not very long after his death in 1855, German translations began to appear, they made little initial impact, although they were to become increasingly influential in Central Europe during and immediately after the First World War. It was, however, largely through its association with existentialism, which emerged as a well-publicized philosophical movement in the 1930s and 1940s, that his name can first be said to have acquired the kind of international prominence it indisputably enjoys today. As a thinker he may be regarded as awkward, controversial, difficult to classify; but he is certainly not ignored.

Such posthumous fame would in fact have caused Kierkegaard no surprise. He himself confidently predicted it, foreseeing a time when his books would be the subject of serious study and when he would be applauded for the novelty and depth of the insights they contained. Whether, on the other hand, it would have afforded him undiluted satisfaction is a different matter. When he referred to the prospect he treated it as an occasion, not for self-congratulation, but for sardonic comment. For the persons whose approbation he anticipated were those he labelled 'professors'; in other words, future members of the selfsame academic institutions which during his lifetime were the target of some of his sharpest criticism. Admittedly his opinions on this score, like the pronounced antipathy he came to feel towards the Church, were voiced most stridently towards the end of his career. None the less, his hostility to the academic establishment was continuous with an earlier and deep-rooted suspicion of something that he believed to be endemic to the intellectual climate of his period. This was its preoccupation with what he called the 'illusions of objectivity', exhibiting itself, on the one hand, in a tendency to smother the vital core of subjective experience beneath layers of historical commentary and pseudo-scientific generalization and, on the other, in a proneness to discuss ideas from an abstract theoretical viewpoint that took no account of their significance for the particular outlooks and commitments of flesh-and-blood human beings. All Kierkegaard's writings, in one way or another, bore witness to the necessity of affirming the integrity of the individual in the face of such trends, and the same can be said to have been true of his life. His work and his personal existence were indeed inseparably intertwined, the connections between the two being faithfully recorded in the copious journals which he kept from the age of 21 onwards and which throw a vivid light upon the labyrinthine recesses of his strange and complex disposition.

Søren Aabye Kierkegaard was born in Copenhagen on 5 May 1813. He was the seventh child of Michael Pedersen Kierkegaard, a retired hosier who had been released from serfdom in his youth and who had since become relatively wealthy, partly through his own efforts but also as a result of inheriting a considerable fortune from an uncle. Kierkegaard's mother, whom his father had married after the early death of his first wife, had been the latter's maid; she was illiterate and appears to have played a somewhat shadowy part in her son's upbringing. His father, by contrast, was a dominant influence. Self-educated and shrewd in business, he was at the same time a devout member of the Lutheran Church with a strong belief in duty and self-discipline. Kierkegaard was later to recall the 'absolute obedience' that was demanded of him as a child, but it was not this that made the greatest impression upon him. More potent, at any rate in its subsequent effects, was the atmosphere of gloom and religious guilt that emanated from a parent who believed that both he and his

1. Portrait of Kierkegaard. Unknown artist.

family lay under a mysterious curse and who, notwithstanding his worldly success, lived in constant expectation of divine retribution. Thus, in a retrospective entry in his journals, his son could speak of 'the dark background which, from the very earliest time, was part of my life' and recollect the 'dread with which my father filled my soul, his own frightful melancholy, and all the things in this connection which I do not even note down' (J 273).

Although he was never at any stage one to underestimate the personal disabilities and difficulties that beset him, there is a poignancy about such remarks which makes it understandable that Kierkegaard should have stigmatized the manner in which he had been brought up as 'insane'. Even so, his feelings towards the man who evoked them were ambivalent: he was fascinated by his father's vivid if morbid imagination, appears to have been impressed by his intellect and powers of argument, and always remained bound to his memory by some profound emotional affinity that involved a strange mixture of love and fear.

If his life at home was conducted in what one of his childhood companions portrayed as a mystical twilight of 'strictness and eccentricity', Kierkegaard's career at the private school he attended does not seem to have afforded him much in the way of relief. As a boy he was physically weak and maladroit, and at the same time acutely self-conscious about what he felt to be his unprepossessing appearance; in consequence, he played no part in games and tended to be a natural prey to bullies. He was, however, far from being defenceless in other respects. He quickly became aware of his superior intelligence, admitting later that this provided him with an effective weapon by which to protect himself against those who threatened him. He had a sharp and wounding tongue, was perceptive in spotting the vulnerable points of others, and from all accounts was an adept and provocative tease, capable of reducing members of his class to tears. As a result, he put a distance between himself and those around him, a lonely,

2. Nytorv (New Square), Copenhagen, in 1865. The town where Kierkegaard was born.

introverted figure who inspired apprehension rather than affection. The picture painted by his contemporaries at school may not be an altogether attractive one. Nevertheless, it is not without intimations of the angular independence of mind and the talent for ridicule that were to be amongst his most immediately striking characteristics as an adult. In 1830, at the age of 17, Kierkegaard enrolled as a student at the University of Copenhagen. Initially things went well enough. During his first year he covered preliminary courses in a wide range of subjects; they included Greek and Latin, history, mathematics, physics, and philosophy, and he passed all the relevant examinations with distinction. He then began reading for a degree in theology, following in the footsteps of his academically gifted but rather priggish elder brother, Peter; the latter had already completed the course in less than the usual time and was now working for a doctorate in Germany. In Søren's case, however, matters were not to proceed so smoothly. His progress towards the degree gradually lost momentum and by 1835 he was writing to a friend that taking the course was an occupation that did not in the least interest him; he 'preferred a free and perhaps . . . a somewhat indefinite study to the *table d'hôte* where one knows in advance the guests and the menu for each day of the week' (J 9). This description of his attitude in fact reflected the mode of life he was pursuing at the time, one that seems to have been adopted in deliberate defiance of the austere ideals and cheese-paring precepts to which his family environment had accustomed him. He spent money freely on clothes and drink, running up debts which he relied on his father to pay; he also attended a round of parties, frequented cafés and restaurants, and was continually to be seen at the theatre and opera where, in his own words, he appeared as 'a man in modern dress, glasses on his nose and a cigar in his mouth'.

Kierkegaard once said of himself that he was a two-faced Janus – 'with the one face I laugh, with the other I weep' (J 47). However much he may have appeared to have been enjoying himself during his protracted career as a student, what he wrote in his journals throughout this period reveals that he was profoundly dissatisfied with the emptiness of his existence and with his inability to find some centre or focus for his life. On the one hand, he complains of the futility of seeking pleasures which invariably left in their wake feelings of ennui and malaise; on the other, he expresses impatience with learning in so far as this is regarded as a purely dispassionate pursuit of knowledge and understanding – 'what good would it do me if truth stood before me, cold and naked, not caring whether I recognized her or not?' (J 15). Instead, he speaks of the need to discover an 'idea' or 'life-view' with which he can unreservedly identify himself and casts an envious eye upon those 'great men' who, irrespective of the cost, have whole-heartedly committed themselves to the realization of projects which appeared to them to be supremely worthwhile; at one point, indeed, he seems even to have found the conception of a single-minded master criminal an appealing one. It is

Januskopf (römischer As).

3. Kierkegaard likened himself to Janus, the two-faced god, saying 'with the one face I laugh, with the other I weep.'

true that he was reading intensively, philosophy and literature taking the place of the theology he had discarded and providing a rich field for the exercise of his critical and imaginative powers. In doing so, however, he felt that he was essentially occupying the role of a spectator rather than of an agent, perpetually reliving the experiences and thoughts of others while failing to achieve anything on his own account. Thus he described himself as existing in the 'subjunctive' as opposed to the 'indicative' mood and despairingly compared his position to that of a chess piece which could not be moved.

This period of Kierkegaard's life, in which an outward display of gaiety and insouciance can be said to have masked a deep sense of personal inadequacy and confusion, lasted until the sudden death of his father in 1838. In view of the peculiarly close yet uneasy relationship which had subsisted between the two, it was to be expected that the event would produce a powerful emotional impact. What was perhaps less predictable was the form it took. Out of a family of seven children only two had survived, and Kierkegaard appears to have assumed that his father was destined to outlive himself and his brother as well. When this did not happen he interpreted his father's death as involving some sort of 'sacrifice' which had been made on his behalf so that 'if possible I might turn into something' (J 62). Hence, notwithstanding a comfortable inheritance that removed any practical incentive for acquiring the degree, he now saw himself as under an obligation to fulfil his parent's wish that he should complete his university course and he at once started seriously to prepare himself for the examination. The consequence was that within two years his outlook and prospects seemed to have undergone a radical transformation. Shortly after his father died he published his first book, a critical study of Hans Andersen's limitations as a novelist which he entitled *From the Papers of One Still Living*. In July 1840 he was at long last awarded his degree in theology. By September of the same year he had announced his engagement to the daughter of Terkel Olsen, a highly placed and well-connected civil servant, and in the following November he both embarked on a training course at a pastoral seminary and began work on a master's thesis at the university. All in all, and with his days as a dilettante and a *flâneur* far behind him, he looked set upon pursuing a professional career as a responsible married man.

Nevertheless, appearances were once again deceptive. The memory of his engagement to Regine Olsen was certainly to play a central part in Kierkegaard's subsequent development, both as a person and as a writer: it was something to which he obsessively returned in numerous journal entries, and disguised references to it constantly recur at different stages of his literary production. Going by his later account of what happened, however, he was from the start divided in his own mind about the idea of marriage and an aura of unreality – on his side at least – seems to have surrounded the relationship at the time. On the surface he may have given the impression that all was well, conscientiously doing everything that might have been expected from one in his position. Even so; he maintained that he regretted making the proposal the day after it was accepted and as the months passed his doubts and anxieties were to become increasingly acute, though always apparently carefully concealed. Almost a year passed before he took the step of returning the ring, asking Regine to forget the man who sent it and to forgive him as being one who was not capable of making a girl happy. After a further period during which she made strenuous efforts to win him back, he decided to repel her with a show of careless indifference in the belief that, as he later put it, this was the only thing he could do to 'push her into marrying someone else'.

Whatever the outside world might think of his behaviour – and he did nothing at the time to present it in a light favourable to himself – Kierkegaard claimed in retrospect that the breaking off of the engagement was a self-inflicted wound which caused him intense inward suffering. Nor can it really be doubted that this was so. As he described the situation, he found himself compelled to take an agonizing decision in which his own feelings were profoundly involved;

the conviction that the choice he made was the right one in no way alleviated the anguish it entailed. It must be admitted, all the same, that he was somewhat evasive about the nature of the reasons that lay behind it; at times he spoke of a consciousness of personal inadequacy deriving from his 'melancholy', at others of a fundamental incompatibility of temperament, and at others again of his own calling as an 'exceptional' individual which ultimately ruled out the possibility of his ever entering into so demanding a relationship with someone else. But, whatever the truth of the matter, there can at least be no question that the separation from Regine Olsen represented a crucial turning point in his life. Although his commitment to Christianity itself was by now fixed and unalterable, the prospect of following his brother and taking up a career in the Church was no longer viewed by him as a serious option. Instead he retired into private existence as a bachelor, using the considerable income that had accrued to him from his father's estate as a basis upon which to devote himself exclusively to writing. 'To produce', he remarked on a later occasion, 'was my life.'

4. Kierkegaard's house, 'Achtwegehaus'.

Literary production was, indeed, already under way. It is perhaps an index of Kierkegaard's ambivalent state of mind during the period of his ill-fated engagement that the emotional problems it posed can in no sense be said to have distracted him from his work. On the contrary, if anything they appear to have had the reverse effect and to have initiated a remarkable burst of activity whose immediate consequence was the completion of his master's dissertation – *On the Concept of Irony with Particular Reference to Socrates* – less than a year after he began it. Its convoluted style seems to have worried his examiners, one of whom complained of its prolixity and artificiality, and they may also have been surprised by the novelty of his approach. In a manner that foreshadowed many of his subsequent writings he already showed himself – at least by implication – to be critical of certain aspects of the widely respected Hegelian philosophy, and he also drew freely if obliquely upon his personal experience when he characterized the romantic ironist as being 'a stranger and an alien' to the world, perpetually living at one remove from both others and himself. None the less, and whatever reservations may have been felt at the time, the thesis was passed by the university faculty.

Later in the same year (1841) Kierkegaard left Copenhagen for Berlin. His professed object in doing so was to attend a course of lectures given by Schelling, a German philosopher who had been closely associated with Hegel in his youth but who had afterwards turned against him and was now well known for his uncompromising opposition to the latter's ideas. Kierkegaard was at first favourably struck by what he heard, sympathizing with Schelling's contention that, in attempting to reduce the realm of concrete actuality to the unfolding of general concepts or categories, Hegel had failed to grasp the crucial distinction between essence and existence. As the lectures progressed from negative criticism to positive speculation, however, he became increasingly exasperated by Schelling's woolly pretentiousness and by the 'impotence' of his metaphysical doctrines; in any case, he was by this time fully engaged upon an undertaking of his own. 'Schelling drivels on quite intolerably', he wrote in a letter to his brother in the following February, going on to say that he had decided to return to Copenhagen to finish 'a little work I have in hand' (J 104). The work in question was to be entitled *Either/Or* and constituted the first of a series of books on philosophical, literary, and psychological themes which he wrote in rapid succession during the next few years. *Either/Or* itself, far from being 'little', was published in two substantial volumes at the beginning of 1843; eight months later *Repetition* and *Fear and Trembling* appeared, to be followed by *Philosophical Fragments* and *The Concept of Anxiety* (both in June 1844), *Stages on Life's Way* (1845), and *Concluding Unscientific Postscript* (1846). Nor did these works, all of which were presented to the public under a variety of pseudonyms, exhaust Kierkegaard's output during the period: in addition, he published 18 *Edifying Discourses* which appeared under his own name and which differed from the pseudonymous writings in being of an expressly religious character. Such productivity was impressive by any standards, but it had been achieved at a considerable cost to himself; mentally exhausted after almost half a decade when he had worked 'like a clerk in his office, perhaps without a single day's break', it is hardly surprising that on the completion of his *Postscript* he considered abandoning authorship and retiring to a living in the country. Yet whatever plans he may have entertained in this connection were interrupted by an event that was to leave an indelible imprint on his mind.

In December 1845 a collection of literary essays was published which included a critical discussion of Kierkegaard's *Stages on Life's Way*. Personal in tone and censorious by implication of his treatment of Regine Olsen, it was written by P. L. Møller, a man with whom he had been acquainted in his student years and who now harboured the ambition of succeeding to a university professorship. Kierkegaard had a poor opinion of Møller's own moral character; he was aware, too, that Møller secretly contributed to *The Corsair*, a satirical weekly which made a practice of holding up to ridicule people prominent in Copenhagen society but which had so far treated Kierkegaard himself with respect.

Incensed by the article and armed with this knowledge, he responded to its criticisms by bitterly attacking Møller in a piece that disclosed the latter's covert association with disreputable journalism; at the same time he issued what amounted to a challenge to *The Corsair* to include him amongst its victims, suggesting that it was more discreditable to be honoured by such a paper than to be insulted by it. Inasmuch as Møller's own reputation and prospects had been severely damaged, Kierkegaard's invective was effective; but it also had the less welcome consequence of rebounding against himself. The editor of *The Corsair* took up the challenge thrown down to him and for week after week Kierkegaard was pilloried, both verbally and pictorially, in a fashion that spared neither his physical appearance nor his habits. The public humiliation he suffered as a result was deeply wounding, as the following extract from his journals makes clear:

> Even the butcher's boy almost thinks himself justified in being offensive to me at the behest of *The Corsair*. Undergraduates grin and giggle and are delighted that someone prominent should be trodden down; the dons are envious and secretly sympathize with the attack, help to spread it abroad, adding of course that it is a crying shame. The least thing I do, even if I simply pay a visit, is lyingly distorted and repeated everywhere; if *The Corsair* gets to know of it then it is printed and is read by the whole population.
>
> (J 161)

He went on to complain that even those whose company he enjoyed found it embarrassing or irritating to be with him, for fear that the mockery should rub off on to them – 'in the end the only thing will be to withdraw and only go about with those I dislike, for it is really a shame to go about with the others.'

The suggestion that acquaintances from whom he might have expected support were deserting him may or may not have been justified, but it is certainly indicative of the almost paranoiac feeling of isolation that he suffered at this moment of his life. As time went on, however, Kierkegaard began to look at his situation, and the action that had given rise to it, in a more positive light. Not only had he made a stand against the threat posed by a certain kind of prying journalism; he had been prepared to undergo the consequences of doing so in his own person. Furthermore, he had been made aware at first hand of the cowardice with which people were ready to submit to majority opinion and the lack of respect for the integrity of the individual that was a corollary of this. With such experiences behind him, he finally discarded his previous notion of retiring to a country parish and became convinced instead that current 'literary, social and political conditions' required the services of an 'extraordinarius' who was ready to speak out in the name of the truth. The truth in question was that of Christianity and he regarded his own intellectual gifts and cast of mind as properly fitting him for the task. It was, indeed, with the sense of one endowed with a providential mission that he decided to remain faithful to his literary vocation, speaking of the need he felt once more to 'steer into the open sea, living in grace and out of grace, entirely in the power of God' (J 192).

Hence, although the traumatic incidents of 1846 continued to reverberate in his memory, Kierkegaard's life resumed the outwardly uneventful but inwardly strenuous course it had followed before. His mode of conducting it was certainly not lacking in material compensations, and he drew heavily on his substantial inheritance in order to ensure that he worked in congenial conditions: thus he regularly arranged for elaborate meals to be brought to his elegantly furnished apartment, he indulged his taste for good wine, and in the summer he continued his practice of hiring carriages to take him for drives in the country. While freely admitting to his extravagance, he insisted that his writing depended upon his living in a congenial style; nevertheless, the message he now employed it to convey was far from being a comfortable one. Convinced that contemporary society was generally riddled with complacency, hypocrisy, and self-deception and that these were particularly manifest in the sphere of religious thought and observance, he set out to shock people into a correct awareness of their situation. Such works as *A Literary Review* (1846), *Edifying Discourses in Various Spirits* and *Works of Love* (1847), and *Christian Discourses* (1848) prepared the way for two major books – both, unlike their immediate predecessors, published under a pseudonym – whereby he sought to bring his readers to a proper understanding of what was involved: *The Sickness unto Death* (1849), a probing study in spiritual pathology that was in some ways continuous with his earlier *Concept of Anxiety*, and *Training in Christianity* (1850), in which a trenchant contrast was drawn between the outlook the Christian faith actually demands of a believer and the facile or worldly surrogates that are widely disseminated in its name. And these productions in their turn can be seen as foreshadowing a step whose repercussions formed the climax of Kierkegaard's career.

During the early 1850s he in fact published a relatively small amount; yet this was to prove to be no more than an interlude before his hostility to prevalent trends took a more openly subversive direction, focusing in the first instance upon the reputation of a respected Church dignitary. In 1854 Bishop Mynster, the Danish primate, died and was succeeded in the office by Hans Martensen, a theologian who had previously been one of Kierkegaard's university tutors. In his funeral oration Martensen referred to Mynster as 'a witness to the truth', a phrase which struck his former pupil as being peculiarly inept; although Mynster had been a personal friend of his father, Kierkegaard himself had increasingly come to regard him as exemplifying the self-satisfied and undemanding approach to Christianity which he had denounced in his own work. Accordingly, in December of the same year he wrote an article pouring scorn on what Martensen had said, subsequently going on to widen his target to include everything that official Christianity – 'Christendom' – stood for and casting cynical aspersions upon the underlying motivation of its proponents and representatives. At the heart of his campaign, initially conducted in the public press and later through the medium of a broadsheet called 'The Instant', which was printed at his own expense, lay the contention that the Church had become an essentially secular institution, hand in glove with the State and ruled by a bureaucracy whose prime concern was to further the material interests of its members. This had taken place behind a screen of hypocritical verbiage that concealed the true aims of its activities and where the terms used had to be interpreted in an inverted sense if their real import was to be discovered. Preaching the Word in poverty, for example, should be understood to mean pursuing a profitable career, and the renunciation of earthly goods the acquisition of such goods; the situation was comparable to one in which a man regularly employed the word 'farewell' in order to indicate that he had arrived – 'how could it occur to anyone on hearing the word "farewell" that a person is arriving?' Thus Kierkegaard implied that a gigantic confidence trick was being played upon those whom the Church professed to serve, and he finally called on his readers to withdraw altogether from 'official worship' if they wished to avoid participating in practices that amounted to making a fool of God.

Kierkegaard's single-handed attack on the clerical establishment was pursued with a polemical force and a sarcastic venom that have reminded some recent commentators of the zest with which his contemporary, Karl Marx, sought to unmask the ideological pretensions of 19th-century capitalist society. It undoubtedly occasioned anger, even alarm, in some quarters, and representations were made demanding action against what was regarded as disruptive agitation. But his violent foray into the field of public controversy turned out to be short-lived. Early in October 1855 he collapsed in the street, dying in hospital a few weeks later. He was accorded a funeral service in Copenhagen Cathedral, and in an address to the large congregation his brother mingled appreciation for his work with regret for the confused judgement he had displayed during the last phase of his life. Had Kierkegaard known of them in advance, the irony of these proceedings would hardly have escaped him.

Chapter 2
Philosophical background

Whatever their differences on other counts, Kierkegaard's numerous commentators have tended to agree that he was not a philosopher in any customary or traditional sense of the term. Thus in a general way it has been maintained that there is a striking lack of affinity between the overall style and direction of his own thinking and the typical methods and objectives of philosophical enquiry which had taken shape during the two hundred years or so before he wrote. Readers who come to his work in the expectation of being confronted by clear lines of argument, proceeding from carefully formulated premisses and issuing in determinate conclusions, will often be disappointed; in this respect his characteristic modes of presenting his ideas stand in sharp contrast, not only to the rigorous procedures adopted by systematic theorists like Descartes and Spinoza, but also to the more informal patterns of demonstration favoured by such empirically minded writers as Locke and Berkeley. Nor, again, was he centrally concerned with topics of the kind that formed the focus of philosophical attention in the 17th and 18th centuries; questions concerning the fundamental structure of the universe or the nature and scope of our knowledge of reality were not amongst those that he principally sought to pursue. And it may further be argued that the theoretical ambitions which had largely inspired his great predecessors – ambitions profoundly influenced by the sweeping advances that had been achieved in the physical sciences – were in any case ones to which he was, both by temperament and by conviction, deeply averse. The very conception of the 'speculative' thinker, set apart from the contingencies of everyday living and coolly contemplating existence from a privileged vantage-point, was apt to arouse his suspicion, even antipathy; amongst other things, he was prone to treat it as involving a bland indifference to what mattered to people as individuals whose real interests found no recognition at the hands of 'systematists and objective philosophers'. In the light of all this it is perhaps not surprising that some critics have portrayed him as being an extreme representative of the Romantic revolt against the ideals of the European Enlightenment, while in the eyes of others he has been viewed as an anti-philosopher rather than a philosopher, not merely out of sympathy with the aims of dispassionate enquiry but actively intent upon undermining the assumptions of those who pursued it.

Consideration of some of these claims must be left until later. But in any event it would be quite mistaken to suppose that Kierkegaard's ideas and intentions can be understood without appreciating their connections with matters that were the subject of widespread controversy amongst philosophers at the time at which he wrote. It may be true that in a general way his leading interests were not continuous with those that had dominated the mainstream of previous philosophical discussion; none the less, the latter had brought in its wake a number of issues which were indisputably central to his own deepest preoccupations. These issues concerned both the ethical and the religious dimensions of human experience, and they had emerged in a manner that raised fundamental questions about the status and justification of each. Thus, if from one standpoint Kierkegaard's writings may seem to reflect concerns deriving from his personal life and character, from another they can be regarded as responses to what he himself clearly conceived to be the challenge presented by pervasive tendencies in the moral and religious thinking of his age.

Kant and Hume

What sort of challenge was involved and how had it arisen? The most convenient starting point is to be found in certain ideas developed towards the close of the 18th century by Immanuel Kant (1724–1804). Whatever may be said about Kierkegaard's approach, Kant's own philosophy was undeniably orientated towards problems that lay at the heart of the philosophical enterprise as this was understood in his day. He himself never wavered in the belief that it was necessary to come to terms with the achievements of natural science in the exploration of the physical world; more specifically, he never questioned the significance of the Newtonian world-picture or sought to minimize the importance of its implications for the future of systematic enquiry. At the same time, however, he was acutely aware of the disputes that had arisen at a philosophical level as to how much such enquiry could properly be said to encompass. Were empirical methods of the type employed by natural scientists the only ones available to us, or was it possible – as some theorists had contended – to acquire a superior insight into reality which was not subject to empirical constraints and which could be attained solely on the basis of ideas and principles whose validity was transparent to the unaided eye of reason? It was a primary part of Kant's purpose to settle such disputes once and for all, and in his *Critique of Pure Reason* he undertook to demonstrate that neither reason nor sensory experience was by itself sufficient for the acquisition of knowledge: both were essential. According to Kant, it was true that human cognition necessarily conformed to an underlying framework of *a priori* forms and concepts which were imposed by the mind upon the data supplied by the senses; at the same time, the legitimate application of these was confined to the sensory sphere and any attempt to extend them to establish truths concerning what obtained outside that sphere must always be unjustified. In the light of this, Kant drew a firm line between hypotheses of the sort put forward in the natural sciences, which were susceptible to confirmation by experiment and observation, and theories which purported to make cognitive claims about a supersensible or transcendent order of things that lay beyond the range of such procedures. Claims of the latter kind belonged to 'dogmatic' or speculative metaphysics, an 'old and sophistical mock-science' whose pretensions he believed himself to have shown finally to be empty and without warrant. As he put it elsewhere: 'All knowledge of things out of mere pure understanding or pure reason is nothing but illusion, and only in experience is truth.'

Although they were elaborated within the context of an argument of striking originality and power, Kant's objections to the pursuit of speculative metaphysics were, broadly speaking, consonant with ones that had already been formulated by David Hume (1711–76). Furthermore and again like Hume, he realized that they entailed consequences which were of more than merely academic interest. For they apparently impinged, with destructive effect, upon the various efforts that had been made over the centuries to prove propositions fundamental to the Christian religion, above all those concerning the existence and nature of God: in Kant's opinion, it unquestionably followed from his criticisms that 'all attempts to make a purely speculative use of reason in reference to theology are entirely fruitless and of their inner nature null and void'. Even so, there were significant differences between the two thinkers as to the morals that should be drawn from the failure of such attempts. Hume's response to 'the imperfections of natural reason' in this domain was one of sceptical irony and found characteristic expression in a well-known passage of his *Enquiry Concerning Human Understanding* in which he implied that no reasonable individual could sincerely endorse the doctrines of Christianity without being conscious of 'a continued miracle in his own person'. By comparison, Kant's reaction was both more complex and less dismissive and was epitomized in his claim – by no means ironical in intent – that he had found it necessary to deny knowledge in order to make room for faith. What did this somewhat cryptic assertion amount to?

Whatever confusions Kant may have discerned in the projects of speculative metaphysicians, he should not be understood as thereby wishing to rule out of court the very conception of a supersensible realm; indeed, his own 'transcendental idealism', in which a distinction was drawn between the empirical world of phenomenal objects or 'appearances' and a 'noumenal' world of things in themselves that was inaccessible to experience, can be said to have presupposed it. What he did maintain was that nothing whatsoever at the theoretical level could be *known* about such a realm. Thus the cognitive claims of speculative theology, inasmuch as they purported to provide us with demonstrable truths concerning the supersensible, were certainly unacceptable; but so, too, were the arguments of those who contended that it was possible conclusively to demonstrate their falsity: in this respect the atheist was no better off than the theist. There was hence a sense in which Kant considered that his position at least protected the tenets of religious faith from the assaults of 'dogmatic' criticism. But he also believed that it was open to him to take a further step in their defence. This involved switching attention from the speculative or theoretical use of reason to its practical use, and for him that meant taking account of the presuppositions of the moral consciousness; it was there that reason under its practical aspect directly manifested itself.

From one point of view Kant's ethical theory can be seen as presenting an alternative to naturalistic approaches to morality of a kind favoured by many Enlightenment writers and of which a psychological version had been propounded by Hume himself. Kant did not, for example, accept Hume's suggestion that all behaviour, together with the standards in terms of which it was morally assessed, must ultimately be explained or interpreted by reference to the passions and desires of mankind. He thought that trying in this way to base moral choice and evaluation upon contingent wants and sentiments was tantamount to reducing them to something purely subjective and susceptible to inevitable variations. But such a conception of their status was at odds with the entrenched conviction that fundamental moral laws possessed universal validity, binding upon all persons irrespective of empirical circumstances and independently of individual preferences or proclivities; the mere recognition that it conflicted with our inexpungeable intuitions about the objective requirements of morality was alone sufficient to render it implausible. It did not follow, however, that we should revert instead to the time-honoured opinion that these requirements derived their validity from the alleged fact that they expressed the will of God and embodied his commands. Notions of the latter sort, at least as traditionally understood, were deeply antipathetic to Kant: apart from other objections to which they stood exposed, they implied that the individual must submit to the judgement and direction of an external authority, thereby sacrificing his autonomy and independence as a rational agent in his own right. And it was precisely in the exercise of rationality that Kant conceived the essence of moral thought and action to reside. That reason may play a subordinate role in behaviour, merely indicating the means to the fulfilment of natural desires and aims, he had no wish to deny; he insisted, none the less, that what distinguished us in our capacity as moral beings was the ability to act in defiance of the promptings of 'sensuous' inclination and to be determined in what we did solely by principles which we ourselves prescribed. To the extent that such principles were not grounded on empirical considerations but were subject instead to the purely formal condition that they could be consistently endorsed as one which everybody should obey, they might be said to derive from reason alone and hence to impose obligations that were necessarily acceptable to all rational agents. And in following out what he believed to be the full implications of this doctrine Kant developed a theory which seemed, not merely to identify the claims of morality with the categorical demands of duty, but also to assimilate the latter to the deliverances of an autonomous rationality that wholly transcended the sphere of natural feeling and desire.

At first glance it might appear that Kant's insistence upon the primacy of reason as a source of ethical requirements entailed the logical independence of morality from religion. It undoubtedly involved the rejection of a theologically based ethics in the traditional sense; there could be no question of invoking the commands of a deity as a means of authenticating moral rules. There was, however, another possibility to be considered. For the relation between the two might be the reverse of what it was commonly supposed to be, morality affording support to religious belief rather than the other way about. With this in mind Kant argued that there were certain convictions, inseparable from the 'interest' of pure reason in its practical or moral capacity, in which ideas concerning the supersensible played an essential part. One of these involved the notion of freedom. It seemed to him clear that the conception we have of ourselves as responsible moral agents presupposed a capacity for rational choice which could not be ascribed to us if our actions were exclusively determined by natural causality. But this assumption could never be justified if we supposed ourselves to be merely members of the empirical order of nature, in which (on his view) everything was subject to causal laws; the adoption of the moral standpoint therefore required us to believe that there was an aspect of our existence that could not be captured in empirical terms and for Kant this meant thinking of ourselves as belonging to the noumenal or 'intelligible' world of things in themselves as well as to the phenomenal world of sensory experience. Nor was this all. Apart from its commitment to the freedom of the will, he maintained that morality had implications which were of more specific relevance to the fundamental tenets of religion. Thus he suggested that in our moral thought we were aware of a duty to promote what he called the *summum bonum*, the 'highest good', and also of an associated obligation to pursue our moral perfection as individuals. So far as the first was concerned, the good in question required for its ultimate realization a state of affairs in which happiness was justly apportioned to moral desert; it was evident, however, that this was not a situation which – people and things being as they were – we could conceivably hope to bring about purely on our own. Nevertheless, since it presented itself to us as something we were morally obliged to further, its achievement must be regarded as attainable and in Kant's opinion that demanded the postulation of a supersensible agency capable of ensuring that our efforts would not be vain: as he put it in his *Critique of Practical Reason*, 'the highest good is possible in the world only on the supposition of a supreme cause of nature', and this – in so far as it acted 'through understanding and will' – could only be God. On similar lines, he argued that the obligation to attain moral perfection was not something that an individual could ever expect to fulfil within the contingencies of an earthly existence; it was therefore necessary for him to postulate one that transcended these limits and in which 'endless progress' towards such perfection could be made. In religious terms, that amounted to assuming the immortality of the soul.

In putting forward such considerations, Kant was emphatic that the existence of God, freedom, and immortality could only be established from 'a practical point of view'. From a theoretical standpoint they could be neither proved nor disproved; in other words, there could be no knowledge here of the kind we have in the case of, say, scientific or mathematical truths. Furthermore, he had no wish to be understood as offering a philosophical underpinning to historical beliefs in the reality of divinely appointed persons or supernatural occurrences of the sort often invoked in support of religious claims; so far as he was concerned, scriptural accounts which seemed to transgress the limits of rational credibility had to be interpreted in an allegorical rather than a literal fashion and should be treated as providing 'incentives' to what were essentially moral ideals. 'Making room for faith' in the sense he had in mind did not mean trying to rehabilitate contentions which had been stigmatized by a host of Enlightenment critics as 'superstition'. On the contrary, it was a 'faith of pure practical reason', securely founded in the authoritative deliverances of the moral consciousness, that he sought to legitimize; nothing less would do.

Or so at least it seemed. Yet to some of Kant's readers his arguments appeared to betray an ambivalence of intention which left their real import unclear. Thus there were certainly times when he was prepared to speak of the beliefs allegedly implicit in our moral aspirations as 'extending' our insight in a way that entitled us to make positive affirmations about matters which necessarily lay beyond the reach of theoretical investigation. But his assertions to this effect were apparently qualified by other passages where he could be taken to be implying, more guardedly and perhaps more sceptically, that the beliefs in question were of subjective significance only. Though presupposed by our ethical thinking, they could not on that account be accredited with objective validity: what propositions the ethical standpoint committed us to was one thing, whether they were actually true was another, and while they might represent convictions that were integral to the adoption of that standpoint, any certainty they thereby acquired was 'not logical, but moral'. In some places, indeed, he explicitly wrote as if the faith whose claims to acceptance he wished to endorse was a matter of the will rather than of the intellect. And this seemed to point towards a very different conception of its status.

One may suspect that such ambiguities were in part deliberate and that Kant himself was conscious of tensions in his thought which he was unable satisfactorily to resolve. But however that may be, there can be no doubt that he brought into prominence considerations that were to exercise a profound and enduring influence upon subsequent approaches to the problem of defining the nature and standing of religious belief. To many of his successors it at least appeared evident that he had finally dispelled all hope of providing a rational justification of theological claims along orthodox lines. Even so, he had not been content to leave matters there; and his own appeal to the asseverations of moral experience, whatever obscurities and uncertainties it might otherwise involve, was nevertheless felt by some to be suggestive of a fresh perspective within which religious ideas and aspirations could be understood. It seemed possible, in other words, that attention might profitably be shifted from a theoretical preoccupation with the cognitive validity of religious belief to a more fruitful concern with the nature of the subjective consciousness from which such belief arose. Two philosophers who may be said – though in very different ways – to have given expression to this altered outlook were J. G. Fichte (1762–1814) and F. D. E. Schleiermacher (1768–1834). In the case of the former Kant's stress upon the ethical dimension of the religious standpoint was reiterated, while at the same time being accorded a radical twist. Thus, in an essay entitled *On the Foundation of our Belief in a Divine Government of the Universe*, Fichte went out of his way to dismiss as misguided all attempts to ground the existence of the world upon the notion of an intelligent author or cause. The concept of God as a 'separate entity' or quasi-personal agency was an unthinkable one, defying coherent analysis. It should be replaced by the conception of a 'moral world order' to which we necessarily belonged as practical beings and in which we could be sure that good actions would infallibly succeed and evil ones just as certainly fail: belief in such an order was, moreover, a 'fundamental presupposition' of the moral consciousness and on this account did not admit of argument or demonstration. For Schleiermacher, on the other hand, the source of religion was to be found, not in the sphere of autonomous ethical conviction, but rather in a shared feeling of dependence upon a divine reality that was itself unknowable and beyond the reach of conceptual thought. Both writers, however, were agreed in confining themselves to the articulation of what they believed to be essential to the religious consciousness and in disclaiming any pretensions to offer a theoretical substantiation of its presumed objects. Whatever else might be said about the latter, they did not fall within the range of rational enquiry.

Hegel's system

How far, though, were such subjectively orientated approaches really adequate as a means of coming to terms with religion from a philosophical point of view? There was one major German thinker who considered that they were not and who undertook to demonstrate that the fundamental tenets of Christianity might after all be understood in a

5. Georg Wilhelm Friedrich Hegel (1770–1831).

sense that showed them to be a repository of objective truth. This was G. W. F. Hegel (1770–1831).

Hegel was from the outset of his intellectual career deeply preoccupied with determining the status of religious belief. As his early unpublished manuscripts indicate, he was at first inclined to adopt a standpoint that was in some ways reminiscent of Kant's. Thus he initially referred to morality as constituting 'the end and essence of all religion', Jesus himself being portrayed as propounding a Kantian-style ethic which was finally subject to nothing beyond the free exercise of 'universal reason'. At the same time, however, he exhibited a profoundly sceptical attitude to the dogmas of theology, the latter being said to involve claims which defied rational credence and which were founded upon an ultimately unacceptable deference to external 'authority'. It is therefore not surprising that Hegel's extensive criticisms of what he called the 'positivity' of latter-day institutionalized Christianity, encompassing both the doctrines and the practices of an authoritarian Church, should have been associated by some of his commentators with the attacks which anticlerical representatives of the Enlightenment had typically directed against the Christian religion. Yet such appearances were in important respects deceptive. Even at this stage his tone was not so much one of detached irony or ridicule as of personal dissatisfaction; and in the subsequent development of his thought he increasingly tended to treat theological doctrines as creations of the human spirit which demanded careful and sympathetic investigation – they could not be simply written off on the ground that they were the absurd products of antiquated ignorance and superstition. In the words of a significant manuscript written in 1800, the time had come to 'deduce this now repudiated dogmatics out of . . . the needs of human nature and thus to show its naturalness and its necessity'. In part, this meant interpreting religion as an historical phenomenon which was expressive of the potentialities of the human mind at different stages of its evolution. But, as was later to transpire, Hegel's interest in the history of religious ideas was not confined to the sphere of empirical understanding and research; it had a further aspect whose importance can only be appreciated in the context of his metaphysics. For in his mature writings he came to view religion as a mode of consciousness that had progressed to a point from which it could be seen to reflect certain fundamental insights into the nature of reality as a whole. It was his contention, moreover, that the true implications of these insights finally became apparent within the framework of his own philosophy, where they were presented in a perspicuous and rationally accessible form.

The emergence of the famous Hegelian 'system', which was to brood like an all-pervasive presence over so much of Kierkegaard's work, can thus be said to have been in one sense continuous with the development of its author's religious preoccupations. It would none the less be an error to assume that it was constructed with the object of reinstating orthodox attempts to provide a philosophical justification of theological dogmas. For Hegel believed that, as traditionally understood, these dogmas were themselves symptomatic of oppositions inherent in our thought and knowledge which it was the task of his own philosophy to overcome. To grasp why he believed this we must glance briefly at the outlines of that philosophy as it eventually took shape.

Hegel's system involved a radical and quite explicit departure from certain familiar ways of envisaging the natural and social worlds in which we live. At the everyday or commonsense level (he thought) we regard the realm of nature as something apart from ourselves, enjoying a wholly independent existence. Furthermore, we may also approach other persons, whether individually or collectively, as separate beings to whom we are related in a purely external way. In his opinion, this was prone to raise problems both from a theoretical and from a practical standpoint. Theoretically, the world may appear to us as ultimately lying beyond our cognitive grasp; such a picture had haunted previous philosophical attempts to characterize the extent of human knowledge and had found most recent expression in the Kantian claims that ultimate reality consisted of unknowable 'things in themselves', these being divided by an unbridgeable gulf from the contents of human thought and consciousness. Practically, there are times when people are apt to experience a sense of estrangement from the societies to which they belong and in the context of which they pursue their various aims and purposes. In such a condition, which Hegel termed one of 'alienation', the individual is caused to think of himself as an isolated particular, thrown back upon his own resources and excogitating principles of action that are grounded upon nothing but the convictions of his private judgement or will. And here again we may be reminded of certain aspects of the Kantian philosophy; in this case, those that concerned the alleged autonomy of the moral agent who was portrayed as being finally dependent upon no more than the deliverances of his own rational nature or 'noumenal' self.

Whatever may have been his original attitude to Kant's ethics, Hegel later criticized it as echoing tensions and divisions of a kind that recurred at different stages of human experience and which were productive, both cognitively and morally, of dissatisfaction and disquiet. How did these arise and how could they be overcome? The solution lay in an interpretation of reality which invoked the notion of 'absolute spirit', or *Geist*. From a Hegelian point of view what confronts us as being apparently foreign or 'other' is in fact the expression of an all-encompassing cosmic process in which we ourselves participate and whose underlying essence is spiritual or mental.

Thus in his logical theory Hegel undertook to demonstrate that the innermost truth of things – 'as it is, without husk' – could be presented in terms of universal categories of thought that unfolded according to 'dialectically' necessary laws; and in his philosophies of nature and of history he sought to show how spirit, which originally externalized itself in the shape of an unconscious natural realm, subsequently came to a gradual realization of its fundamental character through the developing consciousness of human beings. This arose at two levels. At the practical level, it manifested itself in the emergence of successive historical societies, leading to the creation of a type of rationally ordered community with whose objective institutions the individual could subjectively identify and to whose moral requirements he would willingly subscribe – the framework of rules and duties imposed would be seen by him to coincide with his own essential interests as an agent seeking fulfilment as a free and rational being. At the level of reflective thought, the world would come to be viewed as the product of a mind whose underlying structure was mirrored in our own thinking processes: in Hegel's words, it was 'the aim of knowledge . . . to divest the objective world that stands opposed to us of its strangeness, and, as the phrase is, to find ourselves at home in it; which means no more than to trace the objective world back to the notion – to our innermost self'. Reality, that is to say, would no longer appear to us as something irreducibly independent and external, and spirit, through the medium of human consciousness, would arrive at a complete and satisfying understanding of itself.

Hegel implied indeed that this desirable consummation had been achieved in his own philosophy. Amongst other things, he had given an account of the ways in which human thought progresses through a series of partial and inadequate approximations to the status of what he called 'absolute knowledge'. And in the course of doing so he believed that he had managed to bring to light the inner or concealed meaning of religion. For religious conceptions as they historically evolved could be seen to exhibit a developing insight into the spiritual significance of the world, an insight that attained its highest form in Christianity – the 'absolute religion'. In his opinion, however, it was vital to realize that the insight in question had been formulated in figurative or mythical terms. Taken literally and at their face value, religious doctrines were rationally unacceptable; moreover, they were apt to lead to radical misunderstandings. The conception of God, for example, as a transcendent being to whom human beings stand in an external relation of dependence was a reflection on the theological plane of a mode of thinking which Hegel's approach was expressly designed to supersede; associated with an historical outlook which he referred to in his *Phenomenology of Mind* as 'the unhappy consciousness', it involved the projection into an unearthly 'beyond' of potentialities that human beings, as vehicles of spirit, were destined to realize at the level of earthly existence. It was certainly no part of his purpose to rehabilitate, let alone try to justify, such ideas. When properly understood, on the other hand, religious beliefs could be regarded as giving pictorial expression to matters that had been conceptually articulated and substantiated in his own theory: thus the Christian doctrines of the fall and of subsequent redemption through the incarnation of Christ were susceptible to an interpretation that showed them to be consonant with Hegel's notion of the manner in which spirit overcame internal divisions, ultimately returning to itself and achieving complete fulfilment and comprehension of its nature through man. In this sense

Christianity was not, or not merely, a matter of subjective faith, practical or otherwise. Correctly viewed, its contents could be seen to be rationally acceptable and objectively valid. Hence it had, to all appearances, found a final and secure resting-place within the hospitable walls of the Hegelian system. Reason and religion had been reconciled.

But at what price? What did it really mean to assert that the contents of Christianity and Hegelianism were the same? Some of the master's more radically minded followers, who came to be known as the Young Hegelians, took it upon themselves to elicit what they believed to be the actual implications of this claim. In his extremely influential *Life of Jesus* (1835) D. F. Strauss (1808–74) presented a critical account of the Gospel stories in which he argued that they must be evaluated in a way that paid due attention to 'the spirit of the ancient world and of the people of that time'. The notion of a 'God-man' who mysteriously combined supernatural and human attributes was the product of a mentality which could only express its underlying vision in a concrete and quasi-historical form. Looked at from the higher standpoint of philosophy, however, and stripped of its mythological trappings, the Christian doctrine of the incarnation should be read as symbolizing the essential unity of the spiritual and the natural in the life and development of the human species as a whole. Thus the dualism that beset the traditional dogmas of religious belief, according to which God and man belonged to separate spheres of existence, must be replaced by the insight that it was through humanity alone that the 'divine essence' could be realized. God and man were in fact one; and from this it was a short step to the contention – explicitly advanced by Ludwig Feuerbach (1804–72) – that the God of religion was no more than the externalization, in an imaginary and idealized form, of man's own nature and fundamental attributes. The conception of a divinity set over against the world and demanding worship and obedience was an illusion, a 'dream of the human mind'; man's supposed knowledge of God amounted in the end to no more than man's knowledge of himself. Hence the Hegelian

6. *Christ Blessing the Children*, an image of Christ in all his humanity. The secret of theology had finally been shown to be anthropology.

aspiration to vindicate the claims of religion in rational terms had apparently reached its culmination in a theory that entailed their virtual supersession. As Feuerbach himself succinctly put it, the secret of theology had finally been shown to be anthropology.

Chapter 3
The immorality of an age

Kierkegaard's reaction to the developments described in the last chapter was a complex one. As he made abundantly clear in various of his writings, he fully appreciated the devastating objections which Kant had brought against the project of trying to prove by theoretical means the fundamental tenets of Christian orthodoxy. What, on the other hand, seemed to him to be quite unacceptable were the different attempts that had been made to resolve the issues that Kant's critical philosophy had left in its wake. For, in one way or another, these amounted to endeavours to guarantee the reasonableness of Christian belief along lines that involved at best its emasculation and at worst its total transformation.

Kierkegaard in fact showed himself to be far from unsympathetic to Kant's original insistence that religious convictions were a matter, not of knowledge, but of faith; this was indeed an aspect of the Kantian approach which he was subsequently to explore in his own individual fashion and at considerable length. It was, however, another thing to suggest – as Kant himself had gone on to do – that the limitations of theoretical or cognitive reason could somehow be circumvented by an appeal to reason in its ethical capacity. The contention that beliefs in God and in personal immortality were, as 'postulates of practical reason', necessarily presupposed by the moral consciousness was tantamount to treating morality rather than religion as the central object of human concern; furthermore, it was a corollary of this position that it set the historical aspects of Christianity in a perspective which tended to accord them a purely peripheral significance. And far from being met, such difficulties were (if anything) accentuated by the Hegelian aspiration to demonstrate that religion was susceptible of an interpretation which showed it to be after all a repository of objective truth. The claim that religious ideas should be construed as expressing, at a primitive and mythical stage of thinking, a content whose hidden import awaited formulation within the framework of an all-embracing metaphysical system might have found acceptance amongst a number of contemporary theologians. Yet in Kierkegaard's eyes it meant in effect a radical revision of the Christian message, this being finally replaced by an entirely different set of principles. Thus, whatever might have been Hegel's own express intentions, there was at least a sense in which the writers of the Young Hegelian school displayed a more perceptive grasp of the underlying tenor of his thought than those who welcomed it as providing a rational substantiation of traditional teachings. The gap between metaphysical idealism and humanistic atheism might at first glance seem a wide one; it was not, however, difficult to discern how the transition had been made, once references to the activities of concrete human beings had been substituted for Hegel's mystifyingly abstract allusions to the workings of absolute spirit.

Even so, there were sophisticated Danish thinkers – such as Kierkegaard's one-time tutor, Martensen – who had been deeply impressed by 'the latest German philosophy' and who maintained that Christian orthodoxy had nothing to fear from its implications. In their view this philosophy, far from threatening the cherished truths of religion, demonstrated how they could be both preserved intact and at the same time fully harmonized with the demands of reason by invoking the mediating categories of the Hegelian system. Hence the question presented itself as to how such a radical misconception had arisen and acquired widespread currency. In part the answer lay in a failure to

7. Immanuel Kant (1724–1804).

comprehend the structure of the system itself and in part in a failure to recognize what Christianity, properly conceived, involved. Both failures, however, were rooted in a pervasive incapacity to come to grips with something which Kierkegaard believed to be of more fundamental significance and which therefore called for prior consideration. In his own words:

> My principal thought was that in our age, because of the great increase of knowledge, we had forgotten what it means to *exist*, and what *inwardness* signifies, and that the misunderstanding between speculative philosophy and Christianity was explicable on that ground. I now resolved to go back as far as possible, in order not to reach the religious mode of existence too soon, to say nothing of the specifically Christian mode of existence . . . If men had forgotten what it means to exist religiously, they had doubtless also forgotten what it means to exist as human beings; this must therefore be set forth. But above all it must

8. A ventriloquist. Kierkegaard remarked that a species of 'ventriloquism' had developed; people took refuge in a depersonalized realm of ideas and doctrines rather than confronting the fact that everyone is finally accountable to himself for his life, character, and outlook.

> not be done in a dogmatising manner, for then the misunderstanding would instantly take the explanatory effort to itself in a new misunderstanding, as if existing consisted in getting to know something about this or that.
>
> (CUP 223)

At first sight it may seem puzzling to be told that we can forget what it means to exist, as if existence were something we can intelligibly be said to engage in or undergo, like swimming or having a headache. And it is certainly true that in more recent times many of Kierkegaard's existentialist successors have not been averse to discussing the concept in ways liable to cause justifiable perplexity. In the present context, however, there seems to be nothing in what he says that need occasion logical unease. His point is a relatively unproblematic one and concerns the manner in which he believed the majority of his contemporaries were prone to think of themselves and to lead their lives. Thus he considered that they had succumbed to an impersonal and anonymous mode of consciousness which precluded spontaneous feeling and was devoid of a secure sense of self-identity. Everything tended to be seen in 'abstract' terms, as theoretical possibilities which could be contemplated and compared but to the concrete realization of which people were unwilling to commit themselves. If they attended to their own attitudes or emotions it was through a thick haze of pseudo-scientific expressions or cliché-ridden phrases which they had picked up from books or newspapers rather than in the direct light of their own inner experience. Living had become a matter of knowing rather than doing, accumulating information and learning things by rote as opposed to taking decisions that bore the stamp of individual passion or conviction. What this led to was the formation of an outlook in which everything was approached through the medium of set responses and automatic reactions; people knew what they were supposed to say, but they no longer attached any real significance to the words they used. As Kierkegaard wrote in the long section of *A Literary Review* entitled 'The Present Age':

> In fact there are handbooks for everything, and very soon education, all the world over, will consist in learning a greater or lesser number of comments by heart, and people will excel according to their capacity for singling out the various facts like a printer singling out the letters, but completely ignorant of the meaning of anything.
>
> (PA 88–9)

Moreover, these trends were accompanied by a propensity to identify with amorphous abstract entities like 'humanity' or 'the public', people thereby absolving themselves from individual responsibility for what they thought and said. To put it crudely, there was safety in numbers: 'everyone can have an opinion; but they have to band together numerically in order to have one' (PA 91). And somewhat similar considerations applied at the level of practical behaviour. People were ready enough to talk of doing things 'on principle', but they were apt to treat the principles they appealed to as if they were endowed with a purely external or impersonal authority, unrelated to the agent's own preferences and concerns; in this sense, one could 'do anything "on principle" and avoid all personal responsibility' (PA 85). As Kierkegaard remarked elsewhere, 'no man, none, dares to say *I*'; instead, a species of 'ventriloquism' had become *de rigueur* – the ordinary person had become a mouthpiece of public opinion, the professor a mouthpiece of theoretical speculation, the pastor a mouthpiece of religious meditation. All were in different ways submissive to abstractions to which they attributed an independent reality. Rather than confront the fact that everyone is finally accountable to himself for his life, character, and outlook, they took refuge in a depersonalized realm of reified ideas and doctrines.

It is against the background of such alleged tendencies, which he stigmatized as constituting 'the specific immorality of the age', that Kierkegaard's particular mode of conceiving his task has to be viewed. The period, as he never tired of repeating, was one of passionless reflection and detached understanding. It would be a mistake to suppose that he was therefore opposed to objective enquiry as such, though this charge has sometimes been made against him. The methodical and collaborative pursuit of disinterested knowledge was perfectly justified when carried out within its proper limits, as in the case of the historical and natural sciences. Confusion and self-deception arose, however, when people allowed the attitudes appropriate to such pursuit to impinge upon matters that lay outside its true domain. For in so doing they lost sight of themselves as unique individuals and were content to adopt a contemplative or observational stance from which everything appeared under the aspect of bland generalities and the bloodless universals of collective thought. Considerations that rightfully belonged to the sphere of personal experience and involvement were thereby transposed into an external two-dimensional setting of 'representational ideas', human activities being subsumed beneath comprehensive conceptions which emptied them of intrinsic value and robbed them of any significance they might possess from the subjective standpoints of the agents concerned: the situation (Kierkegaard suggested) might be compared with that of someone who, wishing to travel in Denmark, consulted a small-scale map of Europe – the map showed him where Denmark stood in relation to other parts of the world but it told him nothing that was relevant to his purpose. Such an ethos had affected not only current attitudes to morality, but also those adopted towards religion. At the level of everyday consciousness and behaviour religious beliefs were entertained in a purely nominal or abstract way, with no reference to the concrete contexts of practical choice that would lend them life and meaning; while at the hands of philosophers and theologians they had been translated into the language of theoretical speculation and treated as if they were answerable to objectively conceived standards of truth that wholly transcended the subjective needs and points of view of particular human beings.

How should these misapprehensions be countered? One course that might naturally suggest itself was that of simply seeking to correct, in a straightforward and reasoned fashion, certain mistaken beliefs and assumptions. In the present case, however, Kierkegaard maintained that to follow such a procedure was to be in danger of missing what was really at issue. Certainly it would be the appropriate line to take if the matter were merely one of questioning a purely theoretical position or thesis. But what was at stake here was something more fundamental than a particular set of cognitive claims. Rather, it was a pervasive way of looking at things and it had its source in an attitude to life from which a person could not be dislodged by intellectual argument alone. What was required – in the first instance, at least – was to bring home to people what 'it means for you and me and him, each for himself, to be human beings', and this involved leading them to recognize for themselves, through an appeal to their own inner experience, the considerations that actuated them in adopting a particular mode of living and the limitations it imposed. Such an enlargement of an individual's self-understanding and critical self-awareness could not be achieved by abstract instruction or the inculcation of salutary precepts: it might, however, be assisted by entering imaginatively into his or her point of view, empathetically eliciting its emotional foundations and practical implications while at the same time exhibiting how these diverged from those implicit in alternative outlooks or approaches. By following such a method, which he termed one of 'indirect communication' and which was Socratic in inspiration, he sought to enable his readers to acquire a more perspicuous insight into their own situation and motivation, but without the didacticism that was characteristic of 'objective' modes of discourse. His aim was not, in other words, to add to the sum of their propositional knowledge in the manner of a schoolmaster or an academic teacher, nor did he purport to 'compel a person to accept an opinion, a conviction, a belief' in the autocratic style of some privileged authority. On the contrary, the idea was to approach people 'from behind', manoeuvring them into a position from which they themselves, as a result of interior reflection, could step back and make a radical choice between remaining where they were and opting for a fundamental change. Their freedom and autonomy as individuals must at all costs be respected; it was ultimately for them to decide what to do, what course to follow, once they had arrived at a deep and unclouded comprehension of the implications of contrasting life-views. But it was an essential precondition of this that they should be clear about the nature and limits of their own positions. As Kierkegaard was at pains to stress, persons in the grip of a particular outlook were only too apt to deceive themselves into supposing that no other options lay open, tending to interpret whatever was presented to them in a fashion that conformed to its requirements.

Kierkegaard maintained that it was in the light of this project that the initial stage of his literary production, comprising his so-called 'aesthetic' works, had been undertaken. Here, though, a cautionary note may be sounded. When, later on, in his posthumously published *The Point of View of my Work as an Author* (1859), he offered a retrospective account of his object in writing the books in question, he spoke as if he had been guided all along by a specifically religious interest; his cardinal aim had been one of divesting people of the illusion that they were Christians, an illusion which – at that stage at least – he appeared mainly to associate with the acceptance of what he termed an 'aesthetic' approach to life. In his own words, 'an illusion can never be destroyed directly, and only by indirect means can it be radically removed' (PV 24). It is not clear, however, that what he said in the above context accurately reflected his earlier concerns; one may legitimately wonder whether his later conception of himself as having a providential mission, of being 'like a spy in a higher service', may not have caused him to oversimplify and even distort the character of his original preoccupations. This is a point that has been remarked upon by critics and it is one we shall have to return to. But first we must look at the actual content of some of the relevant literature, leaving the question of its true place in his development until afterwards.

Chapter 4

Modes of existence

There can certainly be no dispute that all the early 'aesthetic' works – *Either/Or*, *Repetition*, *Fear and Trembling*, and *Stages on Life's Way* – exemplify the 'indirect' approach to which Kierkegaard attached such importance. Not only do they set out to present opposed outlooks and styles of living; they do this in an imaginative or 'poetical' fashion which is designed to exhibit – from the inside – what it is like to envisage life within the perspectives identified. The reader is invited to participate vicariously in these contrasting visions, much as he might if he were entering into the minds of characters portrayed in a novel or a play. The fictional analogy is, indeed, apposite in more than one way, Kierkegaard never addressing the reader directly, as the author, but instead speaking to him through the medium of different pseudonyms under which the books were published; by adopting such masks and shifting disguises he appeared to distance himself, if sometimes rather disingenuously, from the positions to which his pseudonyms or invented personages variously subscribed. This served a dual purpose: it was designed to convey in an intimate manner the distinctive flavour and texture of disparate life-views; at the same time, it left the reader to draw his own practical conclusions from what was communicated to him – the various outlooks were allowed to 'speak for themselves', no external attempt being made to arbitrate or decide between them.

What form did they take? Kierkegaard distinguishes three basic modes or 'spheres' of existence: the aesthetic, the ethical, and the religious. Although allusions to all of them are to be found, in one shape or another, in each of the books mentioned, the contrast between the aesthetic and the ethical comes out most clearly in *Either/Or* and that between the ethical and the religious in *Fear and Trembling*; attention can therefore be focused on the latter works. Even so, the three categories Kierkegaard introduces are in certain respects deceptively wide-ranging,and what they cover is more autobiographical in content than his favoured method of presentation would suggest. In each case the attitudes comprised show considerable variations, reflecting not only his perception of contemporary cultural trends but also the complex patterns of his own history and development; indeed, some of the material was drawn directly from his journals. Thus traces of the psychological difficulties and dilemmas of his student years, including those connected with his ambivalent relationship with his father, are frequently discernible; so, too, are the traumatic repercussions of his broken engagement to Regine Olsen, Kierkegaard making oblique references to it which she was intended to read and understand. This lends to parts of the writing a rather contrived air which has evoked a sympathetic response from some of his modern votaries but which has produced a cooler reaction amongst more critically inclined commentators. In any event, it certainly informs a good deal of what he has to say about the relations between the different outlooks that are portrayed.

The aesthetic and the ethical

Either/Or is by any standards a remarkable book, and it is not surprising that it was greeted with a kind of bemused fascination when it first appeared. The aesthetic and ethical standpoints are presented in the form of edited sets of papers and letters. The papers are ascribed to a representative of the aesthetic position, referred to as 'A', and the letters to an older person, 'B': the latter, who is the protagonist of the ethical and whose communications are addressed to A, is said by the fictitious editor to have been by profession a judge. A's papers seem at first sight almost calculated to arouse puzzlement; they display a dazzling variety of styles and deal with assorted topics that often appear to be only loosely related to one another. Thus they range from scattered aphorisms and personal observations to reflective discussion of tragedy (the *Antigone*), opera and the erotic (Mozart's *Don Giovanni*), and Goethe's treatment of the Faust legend, and they conclude with a protracted account, in the form of a diary, of a minutely planned and cerebrally conceived seduction; the last (as Kierkegaard wryly noted later) may have been partly responsible for the book's initial success. The diffuseness and apparent lack of determinate direction of this section of the work, which were perhaps intended to mirror problems inherent in A's point of view, contrast sharply with the form taken by its second half. Here we are offered two, extremely lengthy, epistles by B. Written in a sober and deliberate prose, they give the impression of being designed to throw into relief the effervescent and rather self-conscious 'brilliance' of their supposed recipient. At the same time, they serve to illustrate – through the various criticisms which the judge makes of A's position – what lies behind Kierkegaard's use of the terms 'aesthetic' and 'ethical' to identify opposed outlooks and modes of living. To some extent this emerges from the long disquisition on the significance of marriage which is the subject of the first letter; it is, however, in B's second communication, the well-known 'Equilibrium between the Aesthetic and the Ethical in the Composition of the Personality', that what Kierkegaard has in mind receives general and comprehensive expression.

Some writers have interpreted the division in question in terms of more familiar theoretical contrasts: hedonism and conventional morality, for example, or the Kantian distinction between sensuous inclination and the imperative requirements of reason. Echoes of both are certainly present in a number of the judge's remarks. None the less, 'Equilibrium' is a rich and involved piece of writing where a multitude of ideas are to be found densely, and at times confusingly, crowded together;

consequently, such simple dichotomies as those proposed provide at best an inadequate guide. Although, early on in the judge's letter, the main interest and object of the aesthetic mode of life is said to consist in enjoyment, it quickly becomes apparent that this is by no means a complete or exhaustive characterization. 'Aestheticism', as understood in Kierkegaard's generous and in some ways idiosyncratic sense, can take on different guises: it manifests itself at diverse levels of sophistication and self-consciousness and it ramifies in directions beyond those of a mere pursuit of pleasure for pleasure's sake; indeed, what he says about it is more frequently reminiscent of 19th-century Romantic attitudes than the rather mundane hedonism associated with much 18th-century philosophical literature. Similarly with the 'ethical'. Here there is undoubtedly talk of the importance of determinate duties and responsibilities; but we should misconstrue Kierkegaard's overall conception if we assumed that it could be reduced, either to a mere observance of socially recognized rules, or alternatively to a Kantian respect for the deliverances of pure practical reason. Not only is the truth more complex and less straightforward than these limited interpretations suggest; it also has significant points of contact with other, more far-reaching, implications of his position.

Let us then consider the matter in more detail, beginning with the case of the aesthetic individual. Despite Kierkegaard's explicit claim that there is 'no didacticism' in *Either/Or* (CUP 228), it is arguable that he does not really confine himself to presenting two rival viewpoints, leaving the question of which is finally to be preferred entirely to the reader. For one thing, the ethicist is given the second, and therefore the last, word. For another, we are given the impression that B has, in some fundamental sense, seen through A's attitude; he grasps its motivation and is thereby enabled to criticize it in a way that undermines it. Thus, as the judge proceeds, it becomes clear that the condition of such a person is regarded by him as being in certain crucial respects a pathological one. Of these, two in particular stand out and can be seen to be connected.

In the first place, it is indicated that the man who lives aesthetically is not really in control, either of himself or his situation. He typically exists *ins Blaue hinein*; he tends to live 'for the moment', for whatever the passing instant will bring in the way of entertainment, excitement, interest. Committed to nothing permanent or definite, dispersed in sensuous 'immediacy', he may do or think one thing at a given time, the exact opposite at some other; his life is therefore without 'continuity', lacks stability or focus, changes course according to mood or circumstance, is 'like a witch's letter from which one sense can be got now and then another, depending on how one turns it'. Even so, it should not be inferred that such a man is always or necessarily governed by mere impulse; on the contrary, he may be reflective and calculating, like the seducer whose diary is included amongst A's papers. If, however, he does adopt long-term goals or decide to follow certain maxims, it is in a purely 'experimental' spirit: he will continue only for so long as the idea appeals to him, the alternative of giving up if he gets tired or bored, or if some more attractive prospect offers itself, remaining forever open; such 'gymnastic experimentation' in the practical sphere may be regarded, in fact, as the analogue of sophistry in the theoretical. For, whatever the variations, life is still envisaged in terms of possibilities that may be contemplated or savoured, not of projects to be realized or ideals to be furthered.

Such attitudes are held to be symptomatic of something which the judge believes to be endemic to the aesthetic point of view, revealing its ultimate inadequacy. As he puts it, the aestheticist 'expects everything from without'; his approach to the world is basically a passive one, in that his satisfaction is finally subject to conditions whose presence or fulfilment is independent of his will. This submission to the contingent, the 'accidental', to what occurs in the course of events, may take a variety of shapes. Sometimes it is reliance upon 'external' factors, like possessions or power or even the prized affection of another human being; but it may also involve ones that are intrinsic to the individual himself, like health or physical beauty. The point is that, in all instances of this kind, the person is placed at the mercy of circumstances, of 'what may be or may not be'; his mode of life is tied to things that are necessarily uncertain or perishable, and no volition on his part can ever guarantee their attainment or preservation, or even his continued enjoyment of them if he has them. If they fail him – and that will in the end be a matter of chance – it may seem to him that the point of his existence has gone; he will feel, temporarily at least, that he has been deprived of what makes life worth living. As Kierkegaard expressed it elsewhere, in such a view the self is 'a dative, like the "me" of a child its concepts are: good luck, bad luck, fate' (SD 51). Hence it is the mark of the aesthetic individual that he does not seek to impose a coherent pattern on his life, having its source in some unitary notion of himself and of what he should be, but rather allows 'what happens' to act upon him and to govern his behaviour. Inward reflection can show this to be so, and when it occurs it is liable to produce a pervasive sense of despair in the person concerned; his entire life – in general, and not merely in particular respects – may be seen to rest upon an uncertain basis and thus appear drained of meaning. That, however, leads to a further, extremely important, aspect of the aesthetic outlook, and one about which the judge has much to say.

For it is now claimed that such self-awareness may be repressed or ignored, or that at any rate its true implications may be subtly evaded. Despair about his life and its foundation is, in fact, a necessity if the aesthetic individual is to recognize that a 'higher' form of existence is an absolute requirement; yet it is precisely this crucial step in the direction of the ethical that he is unwilling to take. He remains too deeply rooted in his own mode of life and thought to attempt to liberate himself and seeks instead, by a variety of stratagems, to keep the truth from impinging upon him. This sometimes happens through a person's trying to overcome or obliterate his inner dissatisfaction by various kinds of activity: it may take a 'demonic' form, as in the Faustian case; but it can equally well find expression in the life of a 'respectable' man of affairs, going pertinaciously about his business. There is, however, a more insidious shape which it is apt to assume. For there exists what Kierkegaard once called a 'dialectical interplay of knowledge and will' which can make it hard to tell whether a person is consciously trying to distract himself from a predicament which he realizes (however obscurely) to be his or whether, on the other hand, he has so interpreted his condition as to make it appear to preclude the whole notion of fundamental choice and change. And the second of these possibilities may be actualized.

Hence, by a strange modification of the aesthetic position, a man may come to treat sorrow, not pleasure, as 'the meaning of his life', taking a perverse satisfaction in the thought that this at least is something of which he cannot be deprived. For he may regard it as a state to which he is doomed, fated; what he is and feels, how he stands – these all follow inexorably from the nature of things. Thus he may ascribe his unhappiness to something fixed and unalterable in his character or his environment: he has a 'sad disposition', or he has been treated badly by other people. Alternatively, it can be that he portrays himself under grandiloquent labels that somehow determine his place and destiny in the world: for example, the 'unfortunate individual', the 'tragic hero'. Again, and more generally, he may take refuge in a Romantic *Weltschmerz*, using a tone of disillusioned pessimism and treating questions of practical decision as if they could be of no final significance; whatever a man does he will end up regretting. In all such ideas it is possible to find a spurious tranquillity; one can even take a quiet pride in them. For their eventual issue is 'an out and out fatalism, which always has something seductive about it' (EO ii, 241); by accepting a fatalistic or necessitarian viewpoint, the individual tacitly absolves himself from accountability for his condition as well as from an obligation to do anything about it. It is implied, however, that this is never more than a pretence, a cover, behind which he conceals his unavowed determination to remain at a stage from which he could, if he chose, release himself.

All in all, Kierkegaard's analysis of aestheticism is conducted with a psychological subtlety and an elaborate attention to detail that defy brief summary, and it has been possible here only to pick out some of its leading themes. As I have already indicated, he employed his basic categories in an extremely elastic way. This allowed him to point up unexpected connections between apparently diverse phenomena in a manner that can be genuinely illuminating; even so, there are times when his extended use of them seems to put their determinate significance in jeopardy, and a reader of 'Equilibrium' may be excused if he occasionally wonders if there is anything that could not, with a little ingenuity, be interpreted as 'living aesthetically'. Nor is this the sole problem which it poses. For it is not always clear whether Kierkegaard is speaking of the aesthetic consciousness in quite general terms or whether, on the other hand, he is concerned with some specific manifestation of it that was of particular relevance to his own period and culture. There can, however, be no question that he supposed much of what he said to bear upon contemporary currents of thought and behaviour. At one point, for instance, it is explicitly stated that 'aesthetic melancholy', the failure 'to will deeply and sincerely', is a sickness under which 'all young Germany and France now sighs' (EO ii 193). And there are also discernible parallels between the judge's account of certain typical aesthetic attitudes and Kierkegaard's later strictures, in *The Present Age* and elsewhere, on other tendencies implicit in the prevalent social ethos of his time: absorption in the 'outward', the external; absence of a clear sense of individual identity and responsibility; complacent acquiescence in deterministic myths as opposed to serious practical commitment; a pervasive cult of indifference presenting itself under the guise of sophisticated detachment. Nor, as we shall discover, are these imputations unconnected with his subsequent diagnosis of the contemporary appeal and influence of Hegel's metaphysics.

Nevertheless, it would be wrong to identify Kierkegaard's approach to Hegel at the time of writing *Either/Or* too unreservedly with that manifested in some of his later polemics against the 'system'. Admittedly, and as the title itself implies, the book was partly conceived as a protest against the Hegelian notion that distinct forms of consciousness follow one another in a dialectically necessary sequence, mutually opposed standpoints being successively reconciled at higher stages in the progressive unfolding of universal mind or spirit. In Kierkegaard's eyes, the transition from one mode of existence to another conformed to a wholly different pattern. It could only be achieved through an unconstrained and irreducibly personal choice between alternatives; moreover, the alternatives themselves must be seen as being finally incompatible and not such that they could be ultimately harmonized or 'mediated' in the light of some over-arching theoretical insight. Yet, notwithstanding these considerations, the fact remains that the picture of the ethical sphere which actually emerges from 'Equilibrium' is not altogether free from Hegelian overtones. For one thing, the passage to it from the aesthetic is treated as a progressive spiritual movement. Crises occur in the aesthetic consciousness which at least 'call for' the adoption of a new form of life, even if this is not how the person involved himself undertakes to resolve them; as the judge remarks in terms that have a markedly Hegelian ring, there 'comes a moment in a man's life when his immediacy is, as it were, ripened and the spirit demands a higher form in which it will apprehend itself as spirit' (EO ii 193). Further, we are also told that the ethical does not so much 'annihilate the aesthetical' as 'transfigure' it – a remark that consorts a little awkwardly with what Kierkegaard has to say in general about mediation. But it is in the judge's treatment of the relation between the individual and the universal at the ethical level that one is most conscious of the Hegelian background.

In crucial respects the account provided of the ethical point of view appears to focus uncompromisingly upon the individual. Personality is the 'absolute', is 'its own end and purpose'; in describing the emergence and development of the ethical character, the judge treats as basic the notion of 'choosing oneself', this in turn being closely associated with the ideas of self-knowledge, self-acceptance, self-realization. The ethical subject is portrayed as one who regards himself as a 'goal', a 'task set'. Unlike the aestheticist, who is continually preoccupied with externals, his attention is directed towards his own nature, his substantial reality as a human being with such and such talents, inclinations, and passions, this being something which it constantly lies within his power to order, control, and cultivate. There is thus a sense in which he can be said, consciously and deliberately, to take responsibility for himself; he does not, as the aestheticist is prone to do, treat his personal traits and dispositions as an unalterable fact of nature to which he must tamely submit, but regards them rather as a challenge – his self-knowledge is not 'a mere contemplation' but a 'reflection upon himself which itself is an action' (EO ii 263). Moreover, by such inward understanding and critical self-exploration a man comes

9. The wheel of fortune. The ethical individual is immune to the governance of outside circumstances such as accident and fortune.

to recognize, not only what he empirically is, but what he truly aspires to become; thus the judge refers to an 'ideal self' which is the 'picture in likeness to which he has to form himself'. In other words, the ethical individual's life and behaviour must be thought of as infused and directed by a determinate conception of himself which is securely founded upon a realistic grasp of his own potentialities and which is immune to the vicissitudes of accident and fortune. He is not, as the aestheticist was shown to be, the prey of what happens or befalls, for he has not surrendered himself to the arbitrary governance of outside circumstances and incalculable contingencies.

Nor, from the standpoint he adopts, can success or failure be measured by whether or not his projects in fact find fulfilment in the world. What

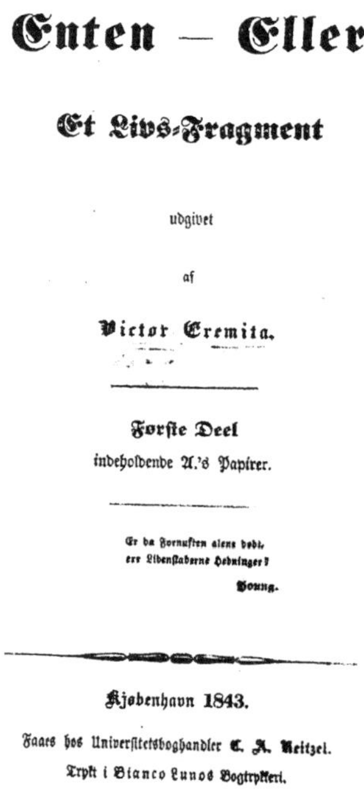
Enten – Eller.

Et Livs-Fragment

udgivet

af

Victor Eremita.

Første Deel

indeholdende A.'s Papirer.

Er da Fornuften alene døbt, er Lidenskaberne Hedninger?

Young.

Kjøbenhavn 1843.

Faaes hos Universitetsboghandler C. A. Reitzel.

Trykt i Bianco Lunos Bogtrykkeri.

10. Frontispiece of Kierkegaard's work *Either/Or*.

finally matters is his total identification of himself with these projects; it is the spirit in which things are done, the energy and sincerity with which they are undertaken and pursued, that are relevant here – not the observable consequences of the actions performed.

There is much in all this that strikes a familiar chord, appearing in some ways as an extension of classical doctrines of self-determination that reach back to the Stoics and beyond. But it also has significant affinities to ideas more recently advanced by Kant. Kant, as we noticed earlier on, had stressed the freedom and independence of the moral consciousness, the individual being subject to requirements that derived from his nature as an autonomous, self-directing being. Moreover, it was central to the Kantian position that estimates of moral worth rested solely upon the quality of the agent's will; it was the intentions from which he acted, what he tried to do, that counted here, and not success or failure in actually accomplishing what was aimed at or envisaged. Both these features seem to be reflected, not to say magnified, by Kierkegaard's own account of the moral point of view. Yet that account – at least as so far presented – may strike the reader as inadequate, if only because it appears to interpret the ethical life in a fashion that pays no attention to its content. For it is arguable that a person who lives such a life must also be understood to acknowledge specific norms and values which he regards as holding for others as well as for himself and which justifiably command general agreement and acceptance. And this, indeed, is a point on which B himself seems anxious to insist. Thus the judge certainly goes out of his way to deny that the 'higher form' embodied in the ethical outlook is something which each person is entitled to interpret according to his private tastes and sentiments: such a conception, savouring of 'experimentalism' and ascribable to some kinds of Romanticism, rightfully belongs to the aesthetic, not the ethical, domain. The fundamental categories of the ethical are 'good and evil' and 'duty', and they are referred to as if they had a meaning necessarily shared by all who used them; with this in mind, it can legitimately be affirmed that the ethical individual 'expresses the universal in his life'. But if that is so, how far is it reconcilable with the uncompromisingly self-orientated theory propounded above? There it seemed to be implied that such a man's values ultimately had their source in himself alone: if, on the other hand, he accepts that there exist socially recognized duties which are binding upon him, is he not committed to renouncing his essential independence, being thereby placed once more in a position of subordination to the outward, the external?

To this apparent dilemma Kant's own doctrine of practical reason might have been invoked as offering a solution. According to that doctrine, the moral subject sought to conform to self-imposed principles that satisfied the test of consistency embodied in the Kantian 'categorical imperative' – namely, that the maxim of his action could be 'willed as a universal law'. Respect for such consistency was intrinsic to the 'rational nature' which was common to all human beings in their capacity as moral agents; hence it could be maintained that, for the ethical individual to express what B refers to as 'his inmost nature', it was sufficient that his actions should be governed by rules that met the requirement in question, the general acceptance of these rules being thereby guaranteed. It is far from clear, however, that the judge wishes to endorse such an austerely formal account, and what is in fact said in 'Equilibrium' points towards an Hegelian rather than a Kantian approach to the problem. Amongst other things, Hegel had criticized the Kantian criterion of morality for being too abstract to offer determinate guidance and for appearing to justify any principle, even the most immoral, provided only that no contradiction was involved in willing its universal adoption. Instead, it should be recognized that moral duties were 'rooted in the soil of civil life'. In other words, it was from the practices and institutions embedded in actual societies that both the content and the authority of moral requirements derived, these practices and institutions constituting an intelligible framework whose rationale the ethical subject could appreciate and in terms of which he could fulfil his potentialities as a free and purposive being.

There need be no conflict here between individual aspirations and the demands of communal existence; as an integral part of the society to which he belonged, the individual experienced the duties and responsibilities it imposed, not in the shape of alien constraints, but rather as giving objective form to values and interests that he inwardly acknowledged to be his own. In this way the claims of individual conscience (which Kant had rightly stressed) and the claims inherent in a socially based conception of the moral life were finally reconciled.

It must be admitted that Hegel's theory rested upon certain questionable assumptions about the rational structure of the kinds of society he envisaged; these were connected with his philosophy of history and raise issues that cannot be entered into at this point. None the less, many of the judge's remarks imply that the ethical as he understood it accorded with the Hegelian notion of *Sittlichkeit* just outlined. He says, for instance, that the self which it is the task of the ethical individual to develop must not be thought of as existing 'in isolation', in the manner envisaged by certain 'mystical' doctrines; he stands in 'reciprocal relations' with his public surroundings and conditions of life, the self he seeks to realize being 'a social, a civic self', not an abstract one that 'fits everywhere and hence nowhere'. The judge speaks, too, as if things such as marriage, having a job or useful occupation, undertaking civil and institutional responsibilities, are all essential from this point of view. It did not, however, follow that the duties that derived therefrom presented themselves to such an individual as external limitations, 'foreign to the personality' and restrictive of freedom. Unlike the aestheticist – the 'accidental man' for whom 'the adventitious plays a prodigious role' – he identified himself with the requirements to which he was subject as an active member of society, his character being permeated with the spirit that informed them. In this sense, the universal was not something 'outside the individual'; on the contrary, he was at one with it, giving it concrete expression in the unconstrained fulfilment of those obligations which he recognized to be specifically his. That, indeed, was 'the secret of conscience' – the individual life was conceived to be 'at the same time the universal, if not immediately, yet according to its possibility' (EO ii 260). Thus the gap between the two, which at first sight threatened to undermine the unity and coherence of the ethical outlook, had apparently been closed.

Yet how comprehensive, in the end, does the position set out in 'Equilibrium' turn out to be? Does it provide the only alternative to the aesthetic mode of existence with which it is compared? More crucially, to what extent can it be said to resolve all the problems that may beset a person in the course of his life? The judge himself seems at times to entertain doubts on the latter score; both here and later in *Stages on Life's Way*, where he makes a characteristic reappearance, it is possible to detect strains and tensions underlying the self-confident surface of his prose. As we have seen, there are passages where he appears to be primarily concerned with the subjective quality, the experienced texture, of the life of one who has committed himself to the moral standpoint; whatever efforts he has made elsewhere to accommodate the universal content of the ethical, the fact remains that in these contexts it is not the applicability of general or publicly shared standards which the judge stresses but rather the ways in which the agent approaches what he does and the depth of conviction, of truth to himself, they involve. And it is hard to detach such concern from an implicit preoccupation with the idea that, in the last resort, each person has to find his own path through a process of inner understanding that does justice to his unique individuality and which may, however paradoxically, ultimately carry him beyond the boundaries of the ethical itself. Troublesome suspicions about the self-sufficiency of the ethical outlook and its basic categories emerge towards the end of the judge's disquisitions in *Either/Or* and the *Stages* alike: in both cases, and particularly in the latter, he acknowledges the extreme difficulties certain 'exceptional' individuals may meet when trying to realize the ethical universal in their lives. There, though, the problems raised are only touched upon in a guarded fashion, with careful reservations and with a noticeable reluctance to arrive at a positive resolution. In *Fear and Trembling*, on the other hand, the doubts to which they give rise are given overt and eloquent expression, and in a setting that explicitly contrasts the claims of ethics with those of religion. The frontier that was hesitantly and somewhat obliquely approached in 'Equilibrium' has here been crossed.

Suspension of the ethical

The pseudonymous author of *Fear and Trembling* – Johannes *de silentio* – disclaims any pretensions to be a philosopher, at least in the fashionable Hegelian sense. Nor, it seems clear, does he purport to be a committed Christian, speaking from the standpoint of religious belief. Even so, what he says is evidently intended to bear upon matters that would have been seen by his intended audience as having a philosophical as well as a religious significance. For, although he himself stands within the ethical, he shows himself to be acutely conscious of the apparent limitations of the sphere to which he belongs; more specifically, he is concerned with its inability to comprehend the phenomenon of faith. And his insistence upon the latter point can, of course, be taken as marking a fundamental divergence from approaches of the type initiated by Kant and Hegel. Both writers had, though in very different ways, sought to assimilate or subordinate the notion of religious faith to other categories of thought – Kant by treating its claims as postulates of practical or moral reason, Hegel by regarding it as prefiguring at a pictorial or imaginative level of consciousness ideas that achieved rational articulation within the framework of his own all-encompassing philosophical theory. In *Fear and Trembling*, by contrast, faith is represented as possessing a wholly independent status: it lies beyond the province of ethical thinking and it resists elucidation in universal or rational terms. This does not mean, however, that it should be viewed as something essentially primitive or unworthy of respect; it is not like 'a childhood disease one may wish to get over as soon as possible'. On the contrary, the book concludes with the observation that it constitutes 'the highest passion of a person'. Moreover, it is implied throughout that only an individual who is himself morally sensitive and mature is in a position to recognize the scale of its mysterious and exacting demands.

Kierkegaard's object was to bring home, in a vivid and compelling manner, the disconcerting character of these demands. By focusing attention on a particular instance and by revealing its salient features, he hoped to throw into sharp relief the significance of a concept to which most of his contemporaries paid lip-service but whose actual import had either been smothered by the comfortable words of clergymen or else spirited away by the rationalizations of philosophers. Nor, in doing so, had he any desire to conceal its practical implications. As he goes out of his way to emphasize, in the instance discussed they will inevitably appear shocking, even scandalous, when contemplated within an exclusively ethical perspective.

It can hardly be denied that the example selected was well chosen for the purposes he had in mind. It is drawn from the biblical account of Abraham, the 'father of faith'. Abraham is called upon by God to kill his son, Isaac, offering him as a sacrifice. Abraham follows this instruction, up to the point of drawing the fatal knife; at the last moment, however, his hand is stayed and a ram is provided for him to sacrifice instead. The whole incident is portrayed as a divinely appointed test or spiritual trial, one that he triumphantly passes.

How should one react to such a story? Its value in Kierkegaard's eyes lay, evidently enough, in its stark portrayal of the nature of the choice that confronted Abraham. He could only fulfil God's command by acting, not merely against his natural inclinations as a loving father, but in defiance of the deeply grounded moral principle that forbids the killing of an innocent person; furthermore, the moral enormity of the action was

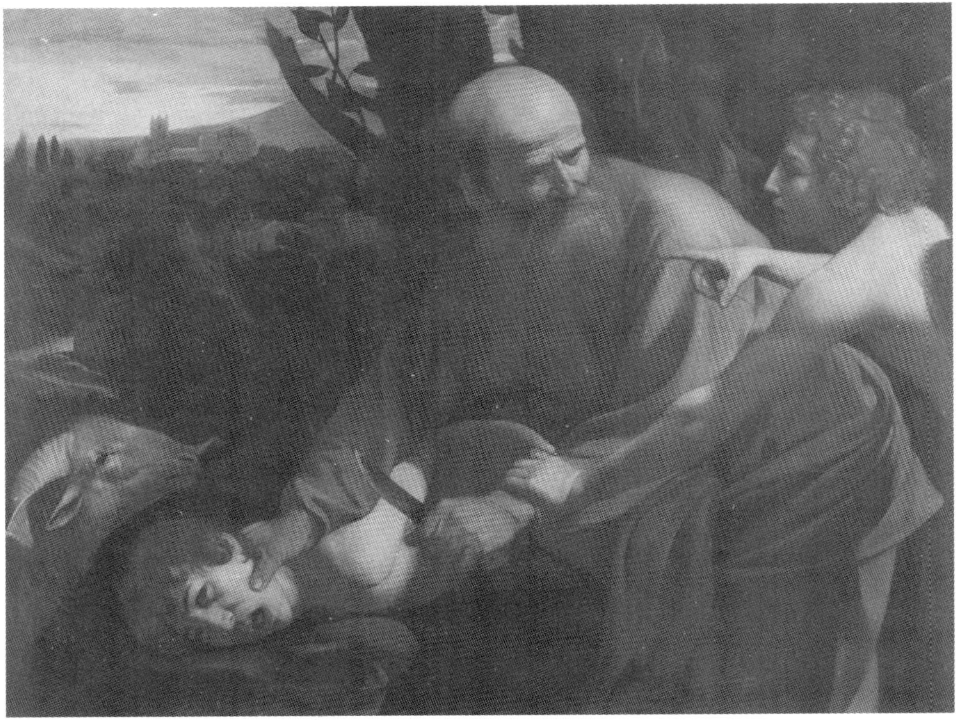

11. Abraham and Isaac, and the demonstration of faith.

compounded by the fact that the person in question was his own son. Thus what he was required to do must have appeared to him, as it does to us, abhorrent on both human and ethical grounds. Yet – as Johannes *de silentio* points out – he is continually praised, from the pulpit and elsewhere, for his grandeur in setting out to accomplish the repulsive task assigned to him. And this raises the question of the extent to which those who indulge in such eulogies have a real grasp of what they are saying. One has merely to imagine how a pastor might address one of his flock who took seriously the possibility of following Abraham's example:

> If the preacher found out about it, he perhaps would go to the man, he would muster all his ecclesiastical dignity and shout, 'You despicable man, you scum of society, what devil has so possessed you that you want to murder your son?'
>
> (FT 28)

He might even take pride in his righteous eloquence. But with what justification? Had he not in his sermons extolled Abraham for the very thing he was now condemning? According to ethics, the answer could only be: yes. Simply stated, 'the ethical expression for what Abraham did is that he meant to murder Isaac'. This was something that had to be faced, clearly and without fudging, by anyone who wished to arrive at a proper comprehension of Abraham's case and of what his action involved. Kierkegaard's pseudonymous author does not claim to understand Abraham himself, in the sense of being able to enter into the content of his life and thought. He does, however, believe that he can lay bare the conditions that make it possible to speak of faith in such a context; he believes, too, that he can thereby illuminate (if only indirectly) the true relationship between the ethical and religious standpoints – a relationship which, in the intellectual climate of his time, has been persistently misconstrued.

One way of approaching what was at issue was to compare Abraham's predicament with that of the moral or 'tragic' hero. An individual of the latter sort also finds himself called upon to do something that is deeply offensive to him, whether on the ground of natural sentiment or because it involves infringing powerful moral constraints, or possibly on account of both. In the case of such a hero, though, the basis upon which he feels bound to act is itself a recognizably ethical one: an example Kierkegaard gives is Agamemnon's decision to sacrifice his daughter Iphigenia for the sake of the state. He is vindicated in his own eyes by the fact that in performing the terrible deed he still 'reposes' within the ethical universal; whatever the pain it causes him, however deep his feelings of personal loss and of compunction, he none the less has the assurance that he is conforming to the requirements of an acknowledged principle or general objective with which he can identify and which takes precedence over all other considerations. Hence, in the hard circumstances confronting him, he can legitimately expect the sympathy and respect of those around him – 'the tragic hero gives up the certain for the even more certain, and the observer's eye views him with confidence' (FT 60). He is at least able to 'rejoice in the security of the universal', knowing that what he does can be defended in terms that all, including even its victims, are in a position to recognize and understand.

Things are quite otherwise with Abraham, the 'knight of faith'. The tragic hero, we are told, still treats the ethical as his 'telos' or goal, even if this entails subordinating particular duties to its attainment. Abraham, on the other hand, has transgressed the ethical altogether, having a higher telos outside it 'in relation to which he suspended it'. And this 'relinquishment of the universal' involves a degree of distress that surpasses any attributable to his moral counterpart. He stands isolated and alone, without the possibility of justifying to others an action which, at the level of rational thought and conduct, must necessarily appear outrageous, indeed absurd. As a particular individual he has placed himself in 'an absolute relation to the absolute'. If his action is justifiable, it can only be by reference to a divine command that is addressed to him alone and whose content is such that he cannot hope to render what he does intelligible by human standards; according to those, he must be deemed either to be mad or else simply hypocritical. Moreover, the very attempt to vindicate himself in humanly understandable terms would be tantamount to seeking to evade the conditions of the task assigned to him, a task that presupposes an absolute duty to God which transcends the domain of ethical discourse and which must be fulfilled in the face of all temptations to the contrary. It was by resisting these temptations – moral as well as natural – that Abraham withstood the trial to which his faith was subjected. He was prepared, in other words, to follow through to the end the frightening consequences of his paradoxical commitment; therein lay his true claim to the 'greatness' which is often, but largely unthinkingly, accorded him.

There is an undeniable poignancy about Kierkegaard's depiction of the plight of those who pursue in anguish their undisclosed missions and who in doing so 'walk without meeting one single traveller'. What he writes has the sharp flavour of personal experience and suggests that he partly had in mind his own sense of distraught isolation at the time of his broken engagement; it may also evoke the vertiginous feelings induced by practical dilemmas that seem to elude the grasp of general categories and where a person can come to view compliance with established norms as threatening his integrity as an individual. But, however impressive psychologically, such considerations do nothing in themselves to validate his central thesis. For this concerns the possibility of a 'teleological' suspension of the ethical by the religious, and it is one that has – perhaps not unnaturally – run into a good deal of criticism. Amongst other things, the contention that in certain circumstances all ethical requirements may be set aside has been stigmatized as amounting to the advocacy of a 'moral nihilism' which no rhetorical appeals of the kind he provides can conceivably excuse, let alone justify. To invoke beliefs which apparently entail an acquiescence in 'the absurd' in order to legitimize morally abhorrent deeds is scarcely to the purpose; if anything, its sole effect must be to undermine confidence in all our valuations, since it permits the rejection of even those about which we feel most assured. It may, of course, be replied that Abraham, considered as a 'knight of faith', was not acting *in vacuo* and without warrant: he was carrying out what he took to be the will of God. But what were the grounds for that assurance? As Kant drily noted, when discussing the very example Kierkegaard later took as his model, 'it is at least possible that in this instance a mistake has prevailed'. Where a supposedly divine command conflicts with a moral judgement that impresses us as being intrinsically certain, we have the clear option of refusing to ascribe it to God. And in Kant's view – as presented in his *Religion within the Limits of Reason Alone* – that was the option which, in a case of the sort described, a 'conscientious' individual would naturally and correctly choose.

From what Kierkegaard says it would appear that there is a sense in which he had no wish to dissent from this. In so far as such an individual is defined as one who takes his stand upon ethics alone, moral judgements that seem self-evident to human reason must certainly, indeed necessarily, be decisive in his eyes. From the position in question the whole of human existence is seen as a 'perfect self-contained sphere' which ethics fills and completes, God himself being thereby reduced to 'an invisible vanishing point'. Here people may, to be sure, use religious language, speaking of the duty to love and obey the Deity; but in their employment of such expressions what they really mean comes down to no more than a truism. As it is put in one place:

> If in this connection I . . . say that it is my duty to love God, I am actually pronouncing only a tautology, inasmuch as 'God' in a totally abstract sense is here understood as the divine – that is, the universal, that is, duty.
>
> (FT 68)

In the discussion that follows this passage, Kierkegaard reverts to the point on which much of his essay can be said to turn. It was one thing to accord supremacy to the ethical; it was quite another to maintain that the religious could be reduced to this, its essential content being expressible in terms wholly acceptable to finite reason. From a religious point of view, ethics never possesses more than a 'relative' status; the denial that from that standpoint it could be envisaged as ultimate or supreme was something which his treatment of the Abraham story was expressly designed to bring into sharp focus. But to insist that it only had relative validity was not to assert that it had no validity at all: it did not follow from his account of the story that moral requirements were devoid of all foundation or that they could in a general way be dispensed with. What he did wish to argue was that within a religious perspective they took on an altered aspect, received a 'completely different expression'. And by this he seems partly to have meant that the obligation to conform to them finally rests upon a prior commitment to God, where the latter is conceived to be an infinite or absolute 'other' that transcends human reason and understanding: 'the single individual . . . determines his relation to the universal by his relation to the absolute, not his relation to the absolute by his relation to the universal' (FT 70).

In one sense it is possible to regard *Fear and Trembling* as simply making a point about the religious consciousness which contemporary theorists, and above all those of an Hegelian persuasion, chose to distort or else to reason away. Whatever they might protest to the contrary, on their view of the matter to act as Abraham did was to stand condemned. None the less, faith as he understood it and exemplified it in his life is presupposed by the religious consciousness, and any attempt to present the 'inner truth' of religion in a fashion that eliminates or emasculates what such faith involves must necessarily be misconceived. But the incapacity of current thought to come to terms with the religious outlook was by no means the sole object of Kierkegaard's concern; here, as in his other 'aesthetic' books, what he wrote was not intended to be a mere exercise in academic criticism. By throwing into the strongest relief the contrast between the standpoint of faith and one that made ethics supreme, he also sought to silhouette the limitations of the latter – limitations that emerged when proper account was taken of vital aspects of personal experience which were resistant to its sway and with which it seemed powerless to deal. As we have noticed, intimations of these appeared at certain moments in the judge's presentation of the ethical position in *Either/Or* and *Stages on Life's Way*. There it was suggested that an individual may believe himself to be subject to the demands of a unique calling which cannot be accommodated within the framework of socially determined duties or universally accepted principles of conduct; yet the status of such an awareness must inevitably be problematic, and the judge shows no inclination to play down the consequences incurred by trying to follow it:

> He must comprehend that no one can understand him, and must have the constancy to put up with it that human language has for him naught but curses and the human heart has for his sufferings only the one feeling that he is guilty.
>
> (SLW 175)

At the level of religious faith, which is the theme of *Fear and Trembling*, the significance of these intimations becomes at last fully manifest. While the importance of moral requirements is not as such denied, the absolute sovereignty of the ethical can no longer be assumed; rather, it is transcended by a perspective in which the self-sufficiency of morality, regarded as a socially established and universally acknowledged institution, is explicitly challenged. The notion that a person might be conscious of an 'exceptional' mission, to be fulfilled at whatever cost and in the face of ostensibly overwhelming objections, was not something that could be simply passed over or shrugged off, nor could it be relegated to 'the rather commonplace company of feelings, moods, idiosyncrasies, *vapeurs*, etc.' (FT 69). Abraham's conception of his assignment belied all this: in seeking to accomplish it he was not only prepared to resist the dictates of ordinary morality; he further believed – against every rational expectation – that he would in some fashion 'receive back' the son he had been commanded to sacrifice. To complain that what he did was contrary to reason, that he ran a terrible risk and might be making a mistake, was in a way true enough; it merely served, however, to underline the distinctive character of the standpoint he occupied. Faith in the sense here in question lay outside the aegis of human standards of rationality, and the transition to what it involved was not susceptible to justification in those terms. On the contrary, it demanded a radical venture or 'leap', a spiritual movement requiring a commitment to something that was objectively uncertain and in the last analysis paradoxical.

In order to grasp the underlying tenor of such pronouncements regarding the true import of religious faith, it is necessary to turn to what Kierkegaard referred to as his 'philosophical works'. These will be the subject of the next chapter. But before taking leave of the 'aesthetic' literature, we must revert briefly to an issue alluded to at the close of the previous chapter.

That, it will be remembered, concerned Kierkegaard's later contention that his imaginative presentation of different modes of existence had been essentially directed towards leading his readers out of the illusion that they were Christians. As he put it in the *Point of View*, they lived in 'aesthetic, or, at the most, aesthetic-ethical categories' and hence were unable to appreciate the depth of the deception, or self-deception, in which they were immersed: by approaching such persons through their own characteristic ways of thinking and by appearing in the first instance to 'go along' with these, it might be possible to cause them to see for themselves the extent and the sources of their pervasive misunderstandings. Yet, whatever attractions this view of his overall intent held for Kierkegaard himself when he looked back on his career as an author, it may none the less strike one as being somewhat strained when the full content and range of the writings in question are taken into account. It is not merely that they often give the strong impression of having been to a considerable degree motivated by autobiographical preoccupations, including a compulsive fascination with the course taken by his abortive love-affair. It would also appear that, at least so far as the aesthetic outlook is concerned, the 'illusions' allegedly fostered are related to fatalistic or collectivist myths about the human condition rather than to anything specifically connected with the false consciousness ascribed to contemporary 'Christendom'. If there is supposed to be an association with the latter it seems at best to be an indirect one. It may be, though, that Kierkegaard meant no more than that an aesthetically attuned individual is liable to view Christianity as something which – along with everything else – demands no serious commitment on his part; it is simply 'interesting', a subject that invites detached contemplation as opposed to decisive action and participation. In any event, his retrospective claim may impress us as being more obviously applicable to what he had to say, in *Fear and Trembling*, about the invasion of the religious standpoint by categories of thought that belonged to the ethical rather than to the aesthetic sphere. Here it is easier to see what he might have had in mind.

Chapter 5
Truth and subjectivity

Kierkegaard's portrayal of distinguishable modes of life and experience prepared the way for the two major works upon which his reputation as a religious thinker chiefly rests: the brief and relatively condensed *Philosophical Fragments* and the lengthy, polemical, and often very repetitive *Concluding Unscientific Postscript*. Like their predecessors, they were both published under a pseudonym – in the present instance that of Johannes Climacus (John the Climber) – but with the difference that here Kierkegaard's name also appeared, he being referred to as their 'editor'. Whatever precise significance should be attached to the change, it is at least reasonable to assume that in this case the views expressed were intended to be understood as being essentially his own: his aim was to exhibit, as explicitly and forcefully as possible, the true significance of the 'misunderstanding between speculative philosophy and Christianity' which he believed to be endemic to the intellectual outlook of his age. The aesthetic writings might have helped to indicate, albeit indirectly and allusively, how it was that various psychological and social attitudes had contributed to the growth of this misunderstanding; there remained, however, the central task of delineating its fundamental character and of eliciting its presuppositions. Such was the task to which he now addressed himself, and in doing so he chose as his principal targets Hegel and those who had been influenced by him. None the less, and despite his intense preoccupation with current tendencies, he regarded his diagnosis of what was involved as being of more than merely contemporary relevance. It had wider implications; *au fond*, the questions at issue concerned the very nature of religious faith and its relation to the resources of human thought and rationality. The manner in which some of these questions arose at the level of practical choice had already been indicated in *Fear and Trembling*. In the *Fragments* and the *Postscript* they were to reappear, but now transposed to a context where more was at stake than the scope of ethics and the limits of moral reasoning, and where faith in the specifically Christian sense, rather than that ascribed to Abraham, became the prime object of attention.

Behind both books one can in fact discern the influence of two 18th-century authors who, in Kierkegaard's eyes, had already brought certain crucial aspects of Christian belief into sharp focus. One of these was J. G. Hamann (1730–88), a maverick thinker whose writings Kierkegaard had first encountered in his student days and whose uncompromising attacks on rationalism – both in theology and elsewhere – seem to have struck him with the force of a revelation. The other was G. E. Lessing (1729–81), whose seminal essay *On the Proof of the Spirit and of Power* he appears to have come across some years later through reading Strauss's *The Christian Faith*. About the significance of Hamann's impact there will be something to say in due course. The views expressed in Lessing's essay, on the other hand, are of more immediate concern, since they were explicitly referred to by Kierkegaard as constituting a common point of departure for the *Fragments* and the *Postscript* alike.

The basic issue discussed by Lessing concerned the status of Christianity as an historically orientated religion. How was it possible to ground its central claims, including the proposition that Christ was the son of God, upon no more than certain putatively historical facts? It was not just that the latter presumably stood in need of the kind of evidential ratification normally required in historical enquiry. Even if they were allowed to have strong empirical support, this would still not amount to assigning them more than a high probability; historical statements, however well attested, were necessarily incapable of achieving the degree of certitude ascribable to first-hand or eye-witness reports of present experience. Nor was this the end of the difficulties that arose. For there remained the further problem of how assertions regarding particular matters of historical fact could be adduced to justify the acceptance of propositions of a dogmatically transcendent character. What, in other words, legitimized the transition from a set of ostensibly empirical claims to another set that belonged to an entirely different category? As Lessing put it:

> If on historical grounds I have no objection to the statement that Christ raised to life a dead man; must I therefore accept it as true that God has a Son who is of the same essence as himself? What is the connection between my inability to raise any significant objection to the evidence of the former and my obligation to believe something against which my reason rebels?

Faced by such questions, Lessing spoke in a well-known passage of there being an 'ugly, broad ditch which I cannot get across, however often and however earnestly I have tried to make the leap'. Although he did not make his own position unambiguously clear, he seems instead to have endorsed a 'demythologized' conception of the religious message which treated it as embodying predominantly ethical truths that could be inwardly apprehended by reason alone. Such truths, being universal and timelessly valid, could not conceivably be founded upon, or derived from, ones whose status was purely contingent; thus, if historical factors were taken to be relevant here, it could only be as illustrating and giving temporal expression to an independently identifiable moral content – in the sense favoured by Lessing, religion was not true because 'evangelists and apostles' taught it, but they taught it because it was true. Or, as he put it elsewhere, historical revelation 'gives nothing to the human race which human reason could not arrive at on its own'.

Whatever conclusions Lessing might himself have drawn, for Kierkegaard his cardinal merit lay in his having accurately grasped the nature of the dilemma that confronted him. The dogmatic tenets of Christian orthodoxy were not conformable to reason, nor was it possible to validate them through merely historical considerations that were in any case intrinsically problematic. Hence there was a need to choose between, on the one hand, taking a 'qualitative' or categorical leap of the kind that had defeated Lessing himself and, on the other, discarding the tenets in question in favour of some alternative which was acceptable from the standpoint of human understanding and rationality: no middle path stood open. This, indeed, is the dominant theme underlying Kierkegaard's *Fragments*, and variations on it continue to recur throughout his subsequent *Postscript*: it was necessary above all to counter the contention that Christianity represented a doctrine which could be objectively justified, whether in terms of speculative thought or by an appeal to historical knowledge. In exploring that theme, however, he took up and developed its implications in a fashion very much his own.

Reason and faith

Despite its brevity, *Philosophical Fragments* is not an easy book to read; the mode of exposition is somewhat eccentric and the line of thought undergoes sudden breaks and transitions which at times induce a certain bewilderment. Nevertheless, it appears at the start that the main focus is to be upon two distinct approaches to the problem of how the truth can be learned. Although raised initially in what seems to be a wholly general way, it quickly becomes clear that it is with the problem of the status and acquisition of religious truth that the work is principally concerned.

Kierkegaard begins by setting against one another two radically opposed answers to his original question. The first he associates with Plato and his doctrine of 'recollection'. In Plato's *Meno* a puzzle is posed as to how we can ever hope to acquire knowledge at all; for if the truth is already known it cannot be sought, while if it is not known how can it be recognized as being the truth when it is encountered or presented? On either alternative learning appears to be conceptually impossible. Plato – whose primary concern, incidentally, was with such 'timeless' truths as those of mathematics – claimed that the solution lay in realizing that learning was a matter of the subject's becoming aware of what was present, though dormant, in his own mind, and that the teacher's function consisted in reminding him of what he implicitly possessed; it was a matter of tapping or unlocking knowledge that was in some sense already there. 'The truth' – in Kierkegaard's words – 'is not introduced into the individual from without, but was within him.' It followed from such a theory that the role of the teacher could never be more than a purely 'accidental' one, since the very same result might have been brought about by some quite different person or in some quite different circumstances, and Kierkegaard in effect treats this position as being representative of a pervasive rationalism that was widely shared amongst speculative philosophers, not least by the Idealists of his own time. It is indeed true that Hegel himself had more than once suggested that the Platonic notion of knowledge as recollection (*Erinnerung*) bore some analogies to his own view that reality as a whole was generated by principles latent within our thinking processes, its fundamental character being such that it could be elicited by philosophical reflection upon these. But in any event, and however diverse the forms in which it manifested itself, Kierkegaard held that what united theorists of the kind he had in mind was an unquestioned belief in human reason as the sole source of ultimate or essential truth.

The alternative standpoint, which on Kierkegaard's interpretation turns out to be that of Christianity, rests upon presuppositions totally at variance with those he has ascribed, with a certain insouciance, to thinkers in the Platonic tradition. The basic contentions of the latter are in this case not so much rejected as reversed.

Thus according to the contrasting position the individual is not accredited with an implicit possession of ultimate truth which can be activated by some sort of philosophical 'midwifery'. On the contrary, he is portrayed as being externally related to something which transcends him and to which he is a stranger; he must 'be characterised as beyond the pale of the Truth, not approaching it like a proselyte, but departing from it' (PF 16). The suggestion here – one to which Kierkegaard constantly adverts – is that the individual's being so estranged is not a mere accident or temporary disability; rather, it is a state of affairs for which he himself is fundamentally responsible and which, as such, may be described as one of 'sin' – he is not only 'outside the Truth' but 'polemic' in his attitude towards it. Two things are said to follow from this. First, truth in the sense in question, since it is not possessed by the individual, can only be brought to him from the outside; secondly, he himself will have to be inwardly changed if he is to be in a position to recognize it, as otherwise his own corruption and self-imposed blindness will prevent him from doing so. But a teacher who is capable both of bringing the truth to the learner and of providing him with the condition that is requisite if he is to grasp it cannot be another human being: it can only be God.

> One who gives the learner not only the Truth, but also the condition for understanding it, is more than teacher . . . ; if it is to be done, it must be done by the God himself.
>
> (PF 18)

At the same time, however, the truth must not be transmitted in a manner that would overawe the learner or dazzle him into submission, for then he would not be accepting it willingly and in a way that allows for freedom of choice, but from some extraneous motive like fear. Instead it must be presented as coming from an equal with whom he can communicate on level terms, and this means that the God has to appear to him in human form. We are confronted, in other words, with the Christian conception of the incarnation.

Such a conception is paradoxical. Indeed, according to Kierkegaard, it represents what he calls the 'Absolute Paradox'. For it requires us to believe that there is a moment at which the eternal enters the temporal sphere, taking on the limitations of finite existence, and this seems to involve a manifest impossibility, something that cannot be accommodated within the bounds of human thought and comprehension. Hence it will necessarily be 'offensive' in the eyes of reason; the latter will 'find it impossible to conceive it, could not of itself have discovered it, and when it hears it announced will not be able to understand it' (PF 59). Nevertheless, it constitutes the proper object of faith, and that is only to confirm the point that Lessing had clearly seen: faith and reason cannot be reconciled and either the one or the other must give way. To remain at the level of the rational is to be committed to rejecting the Paradox; from this point of view it is an 'absurdity'. Faith, on the other hand, reveals itself when the categories of reason are set aside and the individual makes the 'leap' which acknowledging the special character of the teacher demands. Kierkegaard insists, however, that the leap in question cannot be taken without the teacher's assistance. It presupposes what he has termed the 'condition', since unless the learner's nature has been transformed through an act of divine grace he will be unable to perform it; to suppose otherwise would be to assume, what has expressly been denied, that he can become aware of the truth by virtue of his corrupted powers alone. There can thus be said to be two paradoxical 'moments' – the moment of the incarnation and the moment of faith – the second of which is the correlate of the first and both of which must be deemed 'miraculous':

> But in that case is not Faith as paradoxical as the Paradox? Precisely so; how else could it have the Paradox for its object, and be happy in its relation to the Paradox? Faith is itself a miracle, and all that holds true of the Paradox also holds true of Faith.
>
> (PF 81)

In contemplating Kierkegaard's account of the Christian position we should remember that – ostensibly at least – his purpose in the present context was not to defend or justify it but rather to draw attention to what it involved. And from what has been said it will be obvious that, far from playing down the intellectual difficulties it might be felt to raise, he went out of his way to accentuate them; he wanted to highlight, not to obscure, its distance from our natural modes of thought, stressing the obstacles the latter inevitably encountered when they came into contact with what lay beyond their scope. Yet at the same time he did not wish to deny that the human intellect had an inveterate tendency to seek to surmount the limits that bounded it, in a vain effort to absorb within its own categories or principles of understanding matters that necessarily eluded their grasp. Hence he maintained that, in compliance with this tendency, philosophers and theologians were frequently tempted to try to assimilate the transcendent claims of the Christian religion to familiar or well-entrenched conceptions of knowledge: 'why', he asks ironically at one point, 'do we have our philosophers, if not to make supernatural things trivial and commonplace?' (PF 66). One form this project took was that of attempting to prove the existence of God by invoking exclusively rational considerations of the sort he associated in the first instance with the Platonic standpoint. Another, and markedly different, approach consisted, not in seeking to derive religious conclusions from resources supplied by pure reason, but in appealing instead to evidential support of the kind provided by history. In either case, however, only failure could result, as Kierkegaard sets out to show.

His objections to the former line of argument, though important, largely echo ones that had previously been brought by Kant. Kant contended (as Hume had done before him) that reason, considered by itself and independently of all experience, was confined to operating with ideas or concepts alone; as such, it was powerless on its own account to demonstrate the existence of anything. Thus attempts to establish that God exists by reference simply to the concept of God, as in the case of the so-called 'ontological proof', are broken-backed. It is impossible to derive from the bare notion of a perfect being the substantial assertion that such a being exists: as Kierkegaard remarks, by this means 'I do not prove . . . an existence, but merely develop the content of a conception' (PF 49); the conceptual or ideal 'essence of God' must be clearly distinguished from his 'factual being', and the latter is the point here at issue. Even if, as might at first sight appear plausible, I try instead to infer his existence from alleged manifestations of divine workmanship in the order of nature, nothing of consequence follows; the manifestations referred to presuppose an 'ideal interpretation' which I have already tacitly put upon the facts and hence afford no independent justification for the desired conclusion.

Thus briefly surveyed, sceptical objections to the course traditionally pursued by natural theology are felt by Kierkegaard to be irresistible. The exercise of reason in the requisite sense deals solely with conceptual or tautological truths, any appearance to the contrary being due to the presence of certain crucial assumptions covertly made in advance; it is therefore quite useless for the task assigned to it. What, though, of the alternative offered by turning from such abstract considerations to the positive claims of revelation? May there still not be sound reasons for accepting these, this time on specifically historical grounds? Amongst other things, such an approach – unlike the first – has the advantage of doing justice to an aspect of Christianity upon which Kierkegaard himself was concerned to insist, namely, the central emphasis placed on the occurrence and implications of a unique historical event. So it is not surprising to find him devoting an extended discussion to the status of historical enquiry and its relation to faith.

Although the account Kierkegaard provides is a notoriously contorted one, the following points may be said to emerge. In the first place, he stresses the irreducibly contingent or non-necessary character of historical occurrence and change; theorists who, like Hegel, illicitly sought to fuse historical with logical or metaphysical categories, thereby treating the realm of history as the embodiment of necessary conceptual relationships, were radically mistaken. Secondly, he implies that recognition of this feature has important consequences from an epistemological point of view. Propositions about the human past, being contingent and factual, are necessarily devoid of the certitude that belongs to conceptually demonstrable truths of reason. But neither do they possess the certainty which can justifiably be ascribed to propositions that are confined to reporting our immediate experience. This, indeed, holds even of ordinary observational claims which purport to go beyond the indubitable data of sensation – one has only (Kierkegaard suggests) to consider well-worn examples of perceptual illusion to realize that the contemporary spectator of an event may be mistaken about the actual character of what he is witnessing. In any case, so far as historical statements are concerned, there is a manifest gap between what they assert and the evidence for them, a gap that effectively deprives them of logical guarantee as to their truth. What, then, is it to accept them? Kierkegaard says that the appropriate category to apply here is that of *belief*, where that should be understood as involving an 'expression of will' rather than a rational inference; what we have to do with is 'not so much a conclusion as a resolution', a voluntary act that 'excludes doubt'. So conceived, belief inevitably runs the risk of committing itself to what is untrue and must be distinguished from knowledge in the strict sense. None the less, it appears from what he writes elsewhere that he thinks it legitimate to ascribe varying degrees of probability to propositions about empirical matters of fact, including historical ones; thus we can speak (as he himself does in the *Postscript*) of our at least having 'approximation-knowledge' of them. And this brings us to his third, and central, point.

It is vital to differentiate between belief in the 'direct or ordinary sense' – the sense relevant to standard historical claims – and belief, or faith, in the 'eminent sense' which relates to the 'paradoxical' historical claim of Christianity. Although belief of the former kind cannot be rationally certified, it is constitutive of our normal attitudes to the world and represents a wholly natural dimension of human consciousness. Belief of the second type, on the other hand, requires us to accept something which – as was seen earlier – is offensive to reason and baffles the understanding. It follows that those who suppose that the object of Christian faith can somehow be justified, or at any rate rendered probable, by appealing to the accredited procedures of history betray a fundamental misapprehension of its nature. We are not dealing here with some straightforward or run-of-the-mill historical hypothesis, to be deemed more or less likely according to the available documentary evidence: 'this historical fact which is the content of our hypothesis has a peculiar character, since it is not an ordinary historical fact, but a fact based on a self-contradiction' (PF 108). We are assuming, that is to say, that the 'eternal' or timeless has come into existence in time, and to talk of probability in such a connection is evidently out of place. According to Kierkegaard, moreover, it is culpably misguided: 'to make such an assertion about Faith is to slander it.' Apart from anything else, it may be taken to imply that the belief in question was better authenticated for those who actually witnessed the events recorded in the Gospels than it could ever be for members of subsequent generations. But this is a supposition which he goes to great lengths to deny. The acceptance of something conceived to be intrinsically paradoxical cannot be subject to the vagaries of temporal situation or circumstance. It must have been just as possible for a contemporary witness to fail to perceive the import of the incarnation simply on the basis of what he saw or heard as it is for successors who have only testimony to go on; either way, what is presented can never be more than an 'occasion' for faith.

> There is no disciple at second hand. The first and the last are essentially on the same plane, only that a later generation finds its occasion in the testimony of a contemporary generation, while the contemporary generation finds this occasion in its own immediate contemporaneity.
>
> (PF 131)

Religiously speaking, neither has the edge over the other. In every case faith demands, not just a leap, but a leap into the rationally unthinkable which presupposes divine assistance. This is sufficient to put out of court any suggested comparison between different temporal vantage-points. Faith, as Kierkegaard understands it, is not a matter of superior evidence or conditions of observation; its possibility depends, as has been seen, on a miracle.

Kierkegaard's repeated references to the miraculous character of religious faith – rendering it totally incommensurable with all accepted forms of human cognition – are reminiscent of the famous passage in Hume's *Enquiry Concerning Human Understanding* to which I briefly referred in chapter 2. As some recent writers have pointed out, there are in fact discernible parallels of a general kind between Hume's epistemological position and the view of secular knowledge and belief implicit in the *Fragments*. Thus both tend to restrict the attribution of cognitive certainty to necessary truths of reason and to propositions reporting immediate sensory data: likewise, both again imply that causal inferences concerning matters of empirical fact are lacking in rational, in the sense of demonstrative, justification. It is true that, whereas Hume sought to account for such inferences psychologically in terms of customary or habitual expectations deriving from our past experience of regularities, Kierkegaard by contrast – and rather oddly – speaks of their being the expression of volitions; even here, however, the contrast appears less marked if one bears in mind the particular fashion in which he goes on to develop his distinction between 'ordinary' and 'eminent' senses of belief. And these parallels take on an added and more specific significance in the present context. For Hume had argued in the *Enquiry*, not only that there were objections in principle to the project of a rationally based natural theology, but that attempts to establish religious claims instead by appealing to scriptural testimony regarding allegedly supernatural occurrences could never carry conviction in the face of the overwhelming mass of our ordinary experience of the world. Hence in the last paragraph of his section on miracles he concluded that 'the *Christian Religion* not only was at first attended with miracles, but even at this day cannot be believed by any reasonable person without one'. He went on:

> Mere reason is insufficient to convince us of its veracity: And whoever is moved by *Faith* to assent to it, is conscious of a continued miracle in his own person, which subverts all the principles of his understanding, and gives him a determination to believe what is most contrary to custom and experience.

Despite obvious divergences of emphasis and tone, the overall similarity between the tenor of Hume's conclusion and that of Kierkegaard's own account of faith is sufficiently close to arouse the suspicion that it cannot have been entirely fortuitous. And this suspicion seems to be well founded. In an early journal entry Kierkegaard recorded how, when reading Hamann, he had come across a specific reference to the passage quoted above: 'Hume', Hamann remarked, 'may have said this with a scornful and critical air, yet all the same, this is orthodoxy and a witness to the truth from the mouth of an enemy and persecutor – all his doubts are proofs of his proposition.' What appears especially to have impressed Kierkegaard – here as elsewhere in Hamann's anti-intellectualist writings – was the latter's rejection of *a priori* theorizing as a source of genuine discovery and illumination and the stress he had laid instead upon *Glaube* or faith, this being an unmediated and divinely inspired gift of spiritual vision whose insights were fatally obscured by the logical cobwebs spun by natural theologians and speculative metaphysicians alike. Hume's cardinal merit, in Hamann's opinion, lay in his having effectively undermined all attempts to substantiate in rational or commonsensical terms claims which were not susceptible to demonstration by argument and which did not fall within the province of the abstract or generalizing understanding: though himself an unbelieving ironist, he thus emerged – however unwittingly – as an ally of the very religion he ostensibly derided. As we have noticed, Kierkegaard followed his German predecessor in acknowledging fully the force of the sceptic's objections; if the tenets of Christian belief were subjected to assessments of the kind attributable to Hume' s 'reasonable person' they must inevitably seem to be, not merely unwarranted, but absurd. And (again like Hamann) he viewed these objections as performing the salutary service of removing perennial misconceptions concerning the actual character of such belief, thereby throwing into sharp relief its essential import when seen within a perspective appropriate to what was at issue. Those who wished to justify it in a manner that conformed to the requirements of ordinary thought and experience were the victims of a profound misunderstanding – one, moreover, that could be deemed culpable in so far as it amounted to an evasion of what was crucially at stake. As Hamann had observed, 'lies and romances must be probable, hypotheses and fables; but not the truth and fundamental doctrine of our faith': the latter constituted 'a sphere all by itself', and every effort to establish its validity by invoking the resources of objective knowledge and enquiry involved a 'confusion of the categories' as well as representing a 'temptation of the spirit'. In the light of such considerations, Lessing's own insistence upon the leap demanded by a commitment to the transcendent claims of Christianity assumed for Kierkegaard an amplified and compelling meaning, with momentous consequences so far as the individual was concerned.

What he took those consequences to be becomes apparent in the *Concluding Unscientific Postscript*. There, however, they are presented in a setting which gives prominence not so much to traditional attempts to provide Christian belief with a rational backing as to the one that had recently found favour amongst followers of the 'latest philosophy'. Oblique allusions to Hegelian themes can undoubtedly be detected in the *Fragments*; none the less, Kierkegaard was aware of the need to distinguish between Hegel's particular mode of subjecting the religious consciousness to the categories of reason and previous efforts to do so of a kind which it was intended to supersede. Accordingly, in the *Postscript* we find him undertaking a sustained and comprehensive critique which was specifically addressed to the implications of the Hegelian theory.

Errors of Hegelianism

Given the general and in some ways misleadingly stark division drawn at the start of the *Fragments*, it is not hard to see why Hegel's approach to religion should have engaged Kierkegaard's especial attention. For, whatever might be the case with other positions, Hegel's idealism reflected in a strikingly uncompromising form the conviction that reality could be rendered wholly transparent to human reason. As such, it was not content with trying to offer theoretical support to accepted Christian dogmas; it purported to provide a correct interpretation of their real, if latent, content. In doing so, however, it appeared – at least in Kierkegaard's eyes – to have in effect transformed them, divesting them of their essential character and treating their distinctive features as dispensable manifestations of an immature outlook which it was the destiny of philosophy finally to transcend. In his own words:

> For a man to prefer paganism to Christianity is by no means confusing, but to discover paganism as a highest development within Christianity is to work injustice both to paganism and to Christianity ... The speculative movement which plumes itself on having completely understood Christianity, and explains itself at the same time as the highest development within Christianity, has strangely enough made the discovery that there is no 'beyond'. The notions of a future life, of another world, and similar ideas are described as arising out of the dialectical limitations of the finite understanding.
>
> (CUP 323)

To be sure, this had not prevented Hegelians from often employing religious language in formulating their views; Kierkegaard's contention that 'the entire Christian terminology has been appropriated by speculative thought to its own purposes' may be an exaggeration but it is not without foundation. Thus Hegel himself frequently referred to God when describing the character and development of absolute spirit, even going so far as to call his own philosophy a 'theodicy': he was ready, too, to incorporate within his system the historical dimension of Christianity, treating notions like that of the incarnation as expressing the relation of men to a cosmic process in which they necessarily participated as finite, self-conscious beings. Yet he can hardly be said to have been a theist in any orthodox sense, Christian or otherwise. As we saw earlier, Hegelian *Geist* was not regarded as realizing itself independently of mankind, nor was ultimate truth something imparted to us 'from outside', through acts of divine grace. The emphatic denial of a supersensible 'beyond' – whether that was envisaged pictorially or whether it was abstractly conceived as a Kantian postulate or 'idea' – was intrinsic to the fundamental notion of a self-determining and self-differentiating spiritual principle which fulfilled itself in the *human* world and which could only come to an awareness of itself through the consciousness of creatures like ourselves. As Hegel himself put it in the third part of his *Encyclopaedia*, God is only God in so far as he knows himself and he can only know himself through man.

It was, however, one thing to insist that – despite its pretensions – Hegel's interpretation of religion radically distorted the actual significance of the Christian message; it was another to evaluate the philosophy from which that interpretation derived and to which it owed its credentials. Kierkegaard wished to demonstrate that the Hegelian metaphysic, considered on its own and judged in terms of its declared ambition to afford a comprehensive account of reality, was in point of fact flawed, and irreparably so. For the weakness of the overall structure lay in its very foundations.

In propounding his criticisms, Kierkegaard drew partly upon ones that had already been levelled against Hegel both by Feuerbach and by Adolf Trendelenburg (1802–72), a shrewd Aristotelian scholar and logician whom he much admired. As he himself presents them, they take the form of an ironic and often diffuse commentary on certain key speculative assumptions rather than of a step-by-step examination of

12. Ludwig Andreas Feuerbach (1804–1872).

Hegel's particular arguments and inferences; those looking for an ordered set of neatly marshalled objections will not find it here. Nevertheless, there is a sense in which the absence of such detailed analyses was consistent with his general strategy. He was willing enough to concede that 'the System', if treated as being no more than an elaborate 'thought-experiment' or model dealing with the inner connections between fundamental logical categories, represented an impressive intellectual achievement. The basic trouble concerned the ontological claims made on its behalf, according to which the concrete sphere of actuality and existence should be viewed as being in some manner expressive of, and dependent upon, the development of what was in essence a self-generating rational process. This move was quite unacceptable and it was ascribable to a 'lunatic postulate' which lay at the heart of the Hegelian doctrine of absolute spirit. Conceptual thinking as ordinarily employed and understood involved abstracting from what was empirically given in reality; moreover, all such abstract thought unavoidably required or presupposed at some point a thinker in the shape of an existing individual. To assert, as Hegel in effect did, that thought was logically prior to existence was to reverse the true order and amounted to reviving, albeit in a confusing and sophistical form, a mode of argument whose fallaciousness had been sufficiently exposed by Kant. The fact that Hegel was able to obscure this, from himself as well as from his readers, was due (it is suggested) to his having supplemented abstract thought and existence by 'a third medium, quite recently discovered'.

The additional medium referred to was something Kierkegaard labelled 'pure thought'. Whereas abstract thought had its source in empirical reality, pure thought apparently managed to dispense with such mundane ties, being an all-encompassing element in terms of which every finite and temporally determined mode of existence, including those relating to ourselves as particular subjects of consciousness and experience, could be comprehended and accounted for: it was indeed on the strength of this 'hypothesis' that the divisions besetting outlooks less developed than Hegel's own were held to be capable finally of resolution, making it possible to affirm the ultimate identity of subject and object and the unity of the human and the divine. But the hypothesis in question was, in a literal sense, fantastic. Concepts that were actually the product of human thinking in its interactions with the world had been falsely endowed with a self-subsistent reality, thought being thereby permitted to 'desert existence' and 'emigrate to a sixth continent where it is wholly sufficient to itself' (CUP 295). Hegel might speak grandly in his *Logic* of giving his system a presuppositionless beginning by starting with the most abstract of all conceptions, namely, that of bare or undifferentiated 'being', and then going on to show how this initiated a dialectical process in which opposed concepts were successively reconciled or synthesized at progressively higher levels; thus at the first stage *being* gave rise to its antithesis, *nothing*, the two being subsequently mediated by the concept of *becoming*. Theoretical transitions between concepts, however, should not be confused with substantial changes occurring in the real world; moreover, Hegel seemingly overlooked the point that all abstract notions, even ones proclaimed to be altogether empty of determinate content, have to be arrived at and entertained by an empirical individual – in the present case, by the speculative philosopher himself who was responsible for the system he constructed and who in other, less exalted contexts was to be found blowing his nose or drawing his salary as a professor. Such considerations, Kierkegaard argues, are in fact fatal to the fiction of a mysterious medium which, 'hovering in mystic suspension between heaven and earth and emancipated from every relation to an existing individual, explains everything in its own terms but fails to explain itself' (CUP 278). The concrete human subject of everyday life, whose existence is necessarily presupposed in all processes of actual reasoning, has been absorbed into the 'shadow-play of pure thought', its place being taken by the chimerical universal subject of metaphysical idealism.

At first sight this might appear to be a strange charge to bring against a thinker who had insisted that world-history was destined to achieve its goal and final consummation within the sphere of specifically human activity and understanding. None the less, it was central to Kierkegaard's vision of Hegel's procedure that in the last analysis it involved inverting the relation of thought to reality, including human beings as part of that reality. For, when all had been said, the latter were pictured as being no more than the manifestations and conscious vehicles of an allegedly 'absolute' reason that transcended them. By thus elevating their rationality to the status of an autonomous and all-embracing spiritual principle, Hegel was vulnerable to a critical approach which he had been ready enough to adopt when discussing other positions. Such criticism could justifiably be turned against his own philosophy.

Conclusions similarly destructive of Hegel's idealist ontology had of course also been reached by Kierkegaard's radical contemporaries in Germany, the Young Hegelians. But they were more receptive to its underlying ambiguity and the morals they drew were very different from his. If the basic priorities of the system were transposed, they believed that it could be construed in a fashion that yielded profound insights concerning man's relation to himself and to the world in which he lived. Thus Hegel's particular conception to the significance and role of religion could be welcomed as correct once it was translated into a suitably purified anthropological idiom; furthermore, and as he himself had implied, many of the general categories and oppositions delineated in his thought were open to an empirical interpretation that illuminated the actual forces governing human development in a social and historical setting. A 'demystifying' form of exegesis along these lines had first been suggested by Feuerbach and it was one whose possibilities other writers, most notably Marx, were quick to recognize and exploit.

Kierkegaard's own response – at least as it emerges in the *Postscript* – stands in sharp contrast to the spirit of such proposals. If Hegel's theory of religion easily lent itself to construals in which man, not God, constituted the true object of the religious consciousness, this could only confirm the point that the so-called 'speculative interpretation' utterly distorted the meaning of Christianity. But in any event he shows no signs of sympathizing with conceptions of the system in which it was viewed as a potential source of valuable truths about the human condition. On the contrary, everything he says here indicates that he felt claims of this sort basically to be misconceived, both in principle and from a practical standpoint. Hegel's philosophy of history could not legitimately be detached from the logical and metaphysical assumptions that inspired and underpinned it. To accept it, therefore, was to be unavoidably – and mistakenly – committed to a deterministic view of the past. The account offered was one that portrayed the historical process as following an ineluctably necessary course; as such, it respected neither the essentially contingent character of historical occurrences nor the freedom of the human agents who participated in them. This, indeed, was something he had already alluded to in the *Fragments*; in the present context, however, he stressed its connection with a further consideration to which he attached the greatest importance. For the Hegelian thesis that history was 'the concretion of the Idea' amounted in effect to the contention that historical periods and societies, regarded as embodying evolving categories of thought or 'principles', should be accorded primacy in any acceptable evaluation of the significance of human affairs; as a result the status of the individual was correspondingly diminished, his role being reduced to that of merely 'representing', or giving particular expression to, the ethos of his age or society.

Kierkegaard believed such a doctrine to be not only perverse in itself but insidious and debilitating in its practical consequences. Psychologically speaking, it accorded with the common tendency to evade personal responsibility and commitment through pretence or self-deception which we have found him attacking elsewhere as symptomatic of a pervasive contemporary *malaise*. People were all too disposed to 'lose themselves in the totality of things, in world-history', sinking their identities in collective notions like those of the spirit of the age or the progress of mankind, and it was part of the appeal of current Hegelianism that it appeared to lend academic respectability to attitudes of this kind. But that was not all. For the doctrine in question could also be seen as giving explicit support to a theory of conduct according to which 'the ethical first finds its concrete embodiment in the world-historical, and becomes in this form a task for the living' (CUP 129): the latter, in other words, were called upon to recognize the 'moral substance' of the historical community to which they belonged and to conform in their actions to this. The ethical was thereby assimilated to the public, the objective. To realize oneself as a moral agent was to acknowledge one's place in an established social order; in following its requirements one would, moreover, achieve what Hegel called one's 'substantive freedom', the self-conscious individual finding himself fulfilled and 'carried out' in the universal.

The conception of ethics referred to here is strongly reminiscent of the one which – at any rate for part of the time – Kierkegaard appeared to have in mind when characterizing the standpoint of morality in such works as *Either/Or* and *Fear and Trembling*. It therefore comes as some surprise to discover him talking throughout the *Postscript* as if such a conception involved a profound misrepresentation of what 'the ethical' is really about. In passage after passage he reiterates the point that ethics is essentially concerned with the individual and his innermost self: 'the sole ethical interest is in one's own reality' (CUP 288). All attempts to externalize or objectify it, whether in the shape of 'world-history' or of socially established rules and norms or of both, are deeply erroneous: the belief that ethical life confirms 'the metaphysical principle . . . that the outward is the inward, the inward the outward, the one wholly commensurable with the other', may have a certain appeal for those caught up in the 'warp and woof' of everyday existence; all the same, it is a 'temptation to be met and conquered' (CUP 123). It is with the 'inner spirit' of the individual person that ethics has pre-eminently to do, and any endeavour to compromise or undermine that paramount insight must be sternly resisted.

What are we to make of this? Although his employment of pseudonyms admittedly tends to complicate matters, it would be hard for even the most sympathetic of Kierkegaard's commentators to contend that his writings are invariably conspicuous for their consistency and precision. In the instance before us, I think that it must be simply accepted that (however confusingly) he construed the category of the ethical in the *Postscript* in a fashion that often seems to be markedly at variance with the portrayal of it which is dominant in those contexts where he was primarily concerned to contrast it with the religious; it is no accident that in the present connection he appears intent upon stressing the continuities between the two spheres than upon pointing up their differences. But the change involved is perhaps less extreme than it might at first glance strike one as being. For one thing, even in his previous discussions of morality he implied that a distinction should be drawn between treating it as a self-sufficient human institution and regarding it instead as deriving its ultimate authority from its being the expression of the divine will. Secondly, it will be remembered that the judge's account of ethics in *Either/Or* at times displayed a notable tension, an ambivalence: there were certainly occasions when it was suggested that depth of conviction, strength of inward or personal commitment, were intrinsic to the moral consciousness in a way that raised doubts as to whether these features could finally be reconciled with conceptions which stressed the social and institutional nature of moral requirements. And it is this strongly individualistic strain that can be said to take precedence in the *Postscript*, governing the treatment accorded to ethics and religion alike. As in the case of the latter, so also – it now emerges – in the case of the former, Hegel stands condemned for having misdescribed and distorted what is at issue:

> Ethics has been crowded out of the System, and as a substitute for it there has been included a something which confuses the historical with the individual, the bewildering and noisy demands of the age with the eternal demand that conscience makes upon the individual. Ethics concentrates upon the individual, and eternally it is the task of every individual to become an entire man.
>
> (CUP 309)

The subjective view

Generally speaking, then, Kierkegaard concluded that Hegel's attempt to substantiate the time-honoured conception of reason as a source of ultimate truth raised insuperable difficulties and was open to fundamental objections. His ambition to comprehend reality under all its various aspects, including those accredited to the moral and religious consciousness, had only been accomplished at the price of a ruinous conflation of categories and the assimilation to one another of matters that should properly be kept apart. Thus existence had been absorbed within thought, the contingent reduced to the necessary, the individual subordinated to the universal. It was, moreover, a corollary of his procedure that he had been led to overlook, or at any rate crucially obscure, the priority of sensory awareness to both the creation of our concepts and the formation of our inferences; traces of an empiricist epistemology, discernible on occasion in the *Fragments*, surface again from time to time in the anti-Hegelian polemics of the *Postscript*. We should be wrong, however, to assume that in the latter work – any more than in the former – Kierkegaard wished to suggest that some alternative approach was available which, while avoiding the sophistry and illusion that infected Hegel's inflated rationalism, might none the less provide Christianity with objective support acceptable to a 'reasonable person' of the kind referred to in Hume's *Enquiry*. The entire notion of providing such backing, whether interpreted in the Hegelian manner or in some other way, was out of place and must be totally rejected. Christianity, we are told, 'protests against every form of objectivity'; subjective acceptance alone is here 'the decisive factor'.

> It is subjectivity that Christianity is concerned with, and it is only in subjectivity that its truth exists, if it exists at all; objectively, Christianity has absolutely no existence.
>
> (CUP 116)

With the idea of subjectivity, and the conception of truth he associated with it, we can in fact be said to have reached the pivot on which Kierkegaard's account of religious belief in the *Postscript* finally turns. Faith, he insists, 'inheres in subjectivity' and constitutes its 'highest passion'; it is only by 'becoming subjective' that the import of Christianity can be grasped and appropriated in a way that makes it a reality for the believer. Yet his treatment of the concept is a complex and elusive one, and it has not unnaturally occasioned a great deal of controversy. What has he in mind and how does it bear upon some of the points previously raised? These are not easy questions to answer, a principal reason being that in his approach to the topic he was influenced by a number of distinguishable considerations.

One such consideration, which can be picked out as playing a central role, focused upon the contrast between the standpoint of the agent and the standpoint of the spectator. The French philosopher, Emmanuel Mounier (1905–50), once characterized existentialism as 'a reaction of the philosophy of man against the excesses of the philosophy of ideas and the philosophy of things'. This remark is certainly apposite so far as Kierkegaard is concerned. As we saw in chapter 3, he maintained that it was an illusion to suppose that all aspects of human life and experience could be accommodated within the kind of perspective afforded by detached or observational modes of thought. In a fashion that in some respects invites comparison with the Kantian distinction between the theoretical and practical points of view, he sought to underline the profound gulf that separates two stances which it is possible to adopt in our dealings with reality – the disengaged stance of contemplation and objective enquiry and the engaged or participatory stance of agency and practical volition. There could be no objection to adopting the former within the boundaries set by particular disciplines or branches of study, such as mathematics, history, or the physical sciences. Misconceptions, however, arose when the spectatorial or external attitude was allowed to spread beyond its proper limits, engulfing everything within its scope and leading the individual to lose sight of his distinctive character as a particular centre of action and choice. This happened whether, as in the case of speculative idealism, he was pictured as being a mere vehicle of absolute spirit or whether, as with certain scientifically inspired forms of materialism, he was conceived as no more than a component of a causally regulated universe, ultimately governed by laws and forces beyond his control; a view of the latter sort might perhaps be ascribed to Spinoza but it was more obviously attributable to some representatives of the French Enlightenment. Yet, whatever their provenance, all such positions falsified or fatally obscured a perspective that was indispensable to us when considered in our capacity as active self-conscious subjects, each with a particular life to lead and particular decisions to take. To suppose that we could assume a transcendent standpoint of the kind envisaged was to lack a true appreciation of what it meant to be a human being confronting problems that called for personal choice rather than ones answerable to impersonal investigation. As Kierkegaard put it in a well-known journal entry of 1843, in this sense we could find no Archimedean 'resting-place':

> It is perfectly true, as philosophers say, that life must be understood backwards. But they forget the other proposition, that it must be lived forwards.
>
> (J 127)

That there are cardinal differences between the ways in which we think when we are regarding things 'from the outside' as uninvolved spectators or enquirers and the outlook we adopt 'from within' as agents committed to form and seek to realize specific intentions seems hard to dispute. And in his stress on subjectivity Kierkegaard may partly be interpreted as wishing to reinstate and accentuate the significance of the perspective of practical engagement in the face of those who either ignored it or sought to explain it away; we cannot view everything, including ourselves and our actions, under some purely observational or explanatory aspect. He did not wish to deny that people often proceeded as if this were not so, treating themselves as conforming to objective categories or descriptions and consequently as being somehow bound to behave in determinate ways: thus they might, as in certain expressions of the aesthetic consciousness, see themselves as endowed with an unalterable character; again, they might identify themselves with a particular role or even (on at any rate some interpretations of the ethical) conceive of themselves as being inescapably obliged to follow socially recognized rules and duties. All such conceptions, however, involved types of self-deception which it

13. Jean-Paul Sartre (1905–1980).

was necessary to uncover and expose, and in drawing attention to them Kierkegaard may justly be credited with having anticipated the analyses of inauthenticity and *mauvaise foi* which have figured so prominently in later existentialist literature. It was not for nothing that Sartre, in particular, maintained that the 'subjectivity of the individual' constituted his point of departure, insisting on the need to recognize what it entailed and to understand that responsibility for what we were or did could not be sloughed off on to some supposedly objective determinant.

This theme is clearly discernible in Kierkegaard's work and variations on it recur throughout the *Postscript*. Even so, in his case there was more at stake. It is one thing to assert that we cannot live merely as observers and that the claims of the subjective perspective as it features in agency must be lucidly confronted in any adequate portrayal of our situation in the world. It is another to write as if in the last analysis that perspective should be accorded precedence. And it is another thing again to argue that it is only by reference to such a viewpoint that the significance of ethics and religion alike can be rightly apprehended. Both of these further contentions help to define his own distinctive position; both, too, are associated with an attempt to differentiate between the two dimensions of experience in a way that seems to be more extreme in some of its implications than the one so far considered.

Much that is said on the last score has puzzled commentators, Kierkegaard speaking at times as if the character of objective reflection, with its use of general terms and ideas, inevitably precluded it from achieving a grasp of the essential particularity of existence, and as if it was only through the inner consciousness of agency that we became truly apprised of the latter. None the less, although his mode of expressing himself often appears exaggerated or misleading, it is not too difficult to appreciate the underlying preoccupations that prompted him. In the final resort it was with ourselves, distinguished from the rest of nature as responsible and self-determining participants in the 'existential process' that he was concerned. Moreover, it was central to his vision of the human condition that we should lead our lives in a way that required us to be continuously attentive to our ultimate worth and destiny as individual persons; by comparison, all other considerations – including those relating to cognitive or theoretical enquiry – fell away and could be seen finally to be irrelevant or distracting. His stress on 'inwardness', which was integral to what he meant by subjectivity, mirrored this emphasis. Inwardness was not to be equated with a habit of introspective reflection on our own mental states; that would make it a mode of detached contemplation, not of active involvement, and would amount to assimilating it to the observational outlook Kierkegaard associated with objectivity. Rather, it manifests itself in self-commitment and the spirit in which such commitment is undertaken: a person exhibits inwardness through the resolutions he forms, the sincerity with which he identifies with them, and the degree to which they govern his approach to the situations that confront him. So understood, it is intimately connected with the conception of the ethical dominant in the *Postscript*, in which singleness of mind and purpose is contrasted with social conformism and where the obligation to abide by one's innermost convictions as an individual is held to override any calculations of contingent upshot or historical outcome. But that is not all. For it also turns out to be essential to the account which is given there of religious, and pre-eminently of Christian, faith. Faith, too, presupposes inwardness as a fundamental condition. In the light of the foregoing this suggests that action rather than cognitive thought is the appropriate category to which it should be assigned. And much that Kierkegaard says about it appears to invite such an interpretation. He goes out of his way to reiterate the claim that Christianity is not a matter of 'objective knowledge', as if belief in it amounted to the kind of disinterested assent we might accord to a mathematical demonstration or scientific hypothesis. On the contrary, it requires a passionate and resolute engagement of the whole personality, intensity of involvement being the crucial thing. Here, as before, the stress seems to be upon personal dedication, the manner and frame of mind in which a certain course is entered upon and sustained.

The view that religious faith is not merely a matter of assenting to particular propositions but also demands commitment to a particular mode of living is hardly likely to provoke dispute. Kierkegaard was not alone in insisting that it should make a profound difference to the overall tone and character of a person's life, even if he felt justified in accusing representatives of contemporary 'Christendom' of conspicuously failing to measure up to this requirement. More controversial, on the other hand, would be the contention that acting in the light of certain deeply held ideals and engaging in certain practices is *all* that it need legitimately be held to comprise, its basic tenets being more properly taken to be expressive of a moral vision or to embody spiritual values than as constituting assertions that purport to be true in some literal or specifically factual sense. Yet such a position, anticipations of which can indeed already be found in the writings of some Enlightenment theorists, is not without its modern adherents. While frequently differing in their positive construals, certain recent Christian thinkers have implied that propositions concerning, for example, the nature of God or of personal immortality should not be treated as involving determinate truth-claims about a transcendent or supernatural reality; instead, they are best understood in a 'non-realist' and practically orientated way, and as playing a regulative rather than a descriptive or predictive role in religious contexts. It follows that efforts to substantiate them on the assumption that they represent straightforwardly factual assertions will be misconceived. Critics like Hume and Kant may have successfully discredited attempts of the latter sort. Their objections, however, need no longer be considered to touch the actual concerns of faith, although in raising them they may have indirectly helped to draw attention to the true bearing of those concerns.

Kierkegaard's name is sometimes invoked by philosophers sympathetic to the above line of thought. His deployment of voluntaristic and emotional concepts to portray the standpoint of religious belief seems at first sight wholly consonant with positions that interpret it as being a matter of practical concern and conative attitude rather than of cognitive acceptance. Moreover, what he says about the essential irrelevance of demands for objective proof or evidential assurance in this connection is apparently echoed by modern writers who condemn such demands as betraying a misunderstanding of the real significance of religious statements. But surface similarities can conceal deeper differences. However strongly he may have stressed the active dimension of faith and however contemptuously he dismissed endeavours to provide it with a rational foundation, it remains hard to see how he could have avoided regarding approaches of the type referred to as exemplifying yet another attempt to escape the challenge he thought Christianity presented. For by attenuating what it ostensibly proclaimed in the proposed fashion, would they not in effect be robbing it of the very feature he wished above all to stress?

In the *Postscript* Kierkegaard never in fact departs from the thesis, central to the argument of the *Fragments*, that Christianity is inherently paradoxical, resistant to human reason. It is true that in the later work he is at pains to distinguish between different levels or stages of the religious consciousness; it is also true that the distinctions drawn are not always sharply or systematically observed, with the consequence that the reader may on occasions feel unsure as to how exactly the relation between faith and reason is meant to be interpreted. Thus he writes at times as if belief in the existence of God and the promise of an eternal happiness involves embracing an 'objective uncertainty' simply in the sense of there being here a necessary absence of rational proof or even of probability. Where there is objective certainty or security, he says, there can be no question of venture and where there is no possibility of venture there can be no faith; faith, indeed, is stated to be 'precisely the contradiction between the infinite passion of the individual's inwardness and the objective uncertainty' – it is a question of being 'out upon the deep, over seventy thousand fathoms of water' (CUP 182). He indicates, none the less, that faith for a Christian requires considerably more than this. For it demands of the individual that he 'risk his thought', venturing to believe *against* the understanding. Christianity, we are told,

> has proclaimed itself as the *Paradox*, and it has required of the individual the inwardness of faith in relation to that which stamps itself as an offence to the Jews and a folly to the Greeks – and an absurdity to the understanding.
>
> (CUP 191)

Nor are we left in doubt that it is once again the reality of the incarnation that Kierkegaard principally has in mind. As he puts it elsewhere, that 'that which in accordance with its nature is eternal comes into existence in time, is born, grows up, and dies – this is a breach with all thinking' (CUP 513).

Passages like these make it amply clear that there is no retraction of the position which had been enunciated earlier. The repudiation by faith of the claims of rationality is reaffirmed with – if anything – additional force; Christianity specifically involves relinquishing the 'natural' discriminations of the finite understanding and taking a 'qualitative leap' into the realm of the intellectually opaque or repellent (CUP 159, 343). What, on the other hand, is markedly less in evidence is the notion, previously stressed in the *Fragments*, that it also requires as an enabling condition some kind of inner transformation through the miraculous power of divine grace. Instead, the focus of attention in the *Postscript* – where the main concern is said to be with what it means to *become* a Christian – tends to centre almost exclusively upon the stance adopted by the human subject. And here it seems that holding certain things to be actually the case in the face of rational difficulties and objections is treated as being as much a matter of personal involvement or dedication as holding fast to a practical commitment or policy, the situation of the believer in such circumstances being portrayed in a fashion often highly evocative of that of an individual confronting contrary inclinations at the level of intentional action. This impression may, moreover, be strengthened if we take into account Kierkegaard's distinctive, albeit somewhat cryptically worded, contention that action in the strict sense of the term should be differentiated from the external or publicly observable behaviour it initiates; properly understood, it is confined to the 'internal' decision through which a person identifies himself existentially with what he previously entertained only notionally (CUP 302A). All in all, then, it might appear that, far from seeking to play down or eliminate the significance of the transcendent or supernatural content of faith, Kierkegaard sought rather to emphasize the affinities between its propositional and practical aspects while at the same time making unmistakably plain the gulf that divided the subjective orientation of the religious consciousness from the detached perspective characteristic of objective thought and enquiry. In Christian belief, which demands acceptance of what is from a rational standpoint uncertain or even absurd, inwardness is 'intensified to the utmost degree'; as such, it can be said to constitute 'the highest passion in the sphere of human subjectivity' (CUP 118). What is more, it can also be said to constitute the truth. 'Subjectivity', Kierkegaard subsequently and insistently goes on to reiterate, 'is the truth.'

The truth of subjectivity

It is hardly to be wondered at if the famous dictum just quoted has induced a sense of vertigo amongst some readers of the *Postscript*. Ordinarily we are disposed to associate questions of truth or falsity with questions about how things as a matter of fact stand, independently of what anyone – however passionately – may feel about them. Does Kierkegaard seriously wish to oppose this common conception, replacing it by an altogether different one? If so, what alternative does he envisage? If not, what exactly does the proclaimed identity of truth with subjectivity amount to?

In a passage whose importance is emphasized in the text, he refers to two distinct ways in which the issue of truth may arise.

> When the question of truth is raised in an objective manner, reflection is directed objectively to the truth, as an object to which the knower is related . . . If only the object to which he is related is the truth, the subject is accounted to be in the truth. When the question of truth is raised subjectively, reflection is directed subjectively to the nature of the individual's relationship; if only the mode of this relationship is in the truth, the individual is in the truth even if he should happen to be thus related to what is not true.
>
> (CUP 178)

In elaboration of what he means, Kierkegaard stresses the need to differentiate between two modes of assessing a belief; these concern its 'what' and its 'how'. 'The objective accent falls on *what* is said, the subjective accent on *how* it is said'; and so far at least as religious belief is concerned it seems that he regards the latter mode as being the fundamental one. Thus, in a further well-known passage, he compares the situation of one man who, though having a 'true conception' of God, prays to him in a 'false spirit' with that of another who, though he belongs to an idolatrous community, prays to his idol with 'the entire passion of the infinite'. According to Kierkegaard, it is at the side of the second man, not the first, that 'most truth' is to be found – 'the one prays in truth to God, though he worships an idol; the other prays falsely to the true God, and hence worships in fact an idol' (CUP 180).

Despite certain oddities of formulation, Kierkegaard's main point here seems to centre upon an ambiguity in the notion of truly believing something. In one sense it can be taken to mean that what is believed corresponds to what is actually the case, while in the other it refers to the fashion in which the belief is subscribed to, that is, to its being genuinely or deeply held; being 'subjectively' in the truth is essentially a matter of believing in the second of these senses. But on this interpretation his equation of truth with subjectivity might appear to come to little more than a re-endorsement of the value of the personal involvement and passionate commitment he associated with inwardness. So understood, it would seemingly permit any believer to be counted as in the truth provided only that he was appropriately wedded to his belief and irrespective of what that belief happened to be. And if that is the most that the attribution of truth to Christian faith is intended to convey, it may be felt to be somewhat limited in the assurance it offers. For truth in this sense could presumably be ascribed with as much justification to the convictions of an atheist as to those of a theist if the former's attachment to his atheism was sufficiently profound and unqualified. Given Kierkegaard's own declared subscription to the tenets of Christianity, which (as we have just seen) allowed him confidently to distinguish between the 'true God' and an idol, it may seem hard to suppose that he had nothing more positive in mind.

There are, indeed, intimations of a different interpretation. For one thing, Kierkegaard was unfailingly insistent upon the unique character of the subjective acceptance of Christianity; inwardness achieves maximal intensity in the case of an individual who genuinely commits himself to its paradoxical claims. For another, he appears – on occasions at least – to imply that the very degree of passion or intensity involved may serve as a guarantee that these claims are in fact objectively true. Thus he says in a journal entry of December 1849, with apparent reference to the *Postscript*, that if the 'how' of faith is given, its 'what' is also given, adding that here 'we have inwardness at its maximum proving to be objectivity' (J 355). And in the *Postscript* itself, after dismissing 'systematic' attempts to prove personal immortality, he indicates that we should turn to subjectivity instead – immortality is stated to be the 'most passionate interest' of subjectivity, and 'precisely in the interest lies the proof' (CUP 155). Such remarks might understandably be taken to mean that the strength of commitment and aspiration intrinsic to belief in Christianity is by itself sufficient to ensure the validity of its factual content; through following the 'way of subjectivity' we can gain a veridical insight that is necessarily unattainable by pursuing the endless 'road of approximation' to which the impersonal procedures of objective enquiry confine us.

The trouble with the above line of thought is that it remains quite unclear how subjective conviction or passionate aspiration alone can ever certify the reality of what is believed in or aspired to. This has caused one critic to complain that the view alluded to involves a transparent *non sequitur* and to accuse Kierkegaard of misleadingly amalgamating it with the weaker and factually noncommittal position mentioned previously, where the 'truth' ascribed to faith consisted merely in the depth of inwardness it entailed; in consequence, it may be tempting to imagine that he somehow managed to underwrite Christian belief in a fashion that was impervious to the objections levelled against traditional forms of validation or support. As a diagnosis of fallacies attributable to some of Kierkegaard's latter-day followers, the criticism has considerable force. Nor can it be denied that he himself is apt to give the impression of being precariously poised between disparate positions, leaving it uncertain which of them he actually holds. In the end, however, one may wonder how far the various difficulties and obscurities surrounding what he writes on this score really impinge upon his fundamental aims. Notwithstanding intermittent suggestions to the contrary, it is arguable that here, as elsewhere, his purpose was essentially expository, being directed to articulating the conceptual and phenomenological implications of faith rather than to providing it with any kind of epistemic justification. On such an account, his central concern remained one of assigning religious belief to the sphere to which in his opinion it properly belonged, the sphere, namely, of personal choice and involvement as opposed to that of detached reflection and appraisal; it is possible, indeed, to understand his assertion (cited earlier) that the truth of Christianity exists 'only in subjectivity' as no more than a way of expressing this point. As he constantly reminds us, it is of the essence of faith as he conceives it that it constitutes a personal venture or risk, a wholehearted and passionate determination to accept something in the full consciousness that it lies beyond the reach of all intellectual demonstration and any sort of objective warrant. At the same time, to adopt such a course must surely be to presuppose that there is a genuine issue regarding the reality of what is thus accepted. But in so committing oneself, one can hardly be taken to be thereby resolving that issue; where otherwise would be the crucial element of risk it is acknowledged to involve?

If we follow this interpretation, however, we inevitably encounter other questions. The notion – recurrent in Kierkegaard's writings – that belief is subject to the will is notoriously a problematic one in philosophy, and it is suggestive of further ambiguities. We can certainly decide to act *as if* we believed a particular proposition to be true, leaving the matter of its actual truth-value – provisionally at least – undetermined; that is clear enough and can frequently be allowed to occur. It is also conceivable (as Pascal noted) that perseverance in such action may have the consequence that we eventually come to believe the proposition in fact and not merely hypothetically. What is less obvious is that we can, consciously and directly, set ourselves to believe something *tout court*, irrespective of any grounds we might have for supposing it to be true and even perhaps in the face of what we see to be overwhelming evidence to the contrary. These difficulties are, moreover, compounded if what we are asked to believe is stated to be inherently paradoxical – not only lacking in objective foundation, but intrinsically unacceptable or 'offensive' from a rational standpoint. In what sense can I undertake to believe something which I recognize to be literally unthinkable, a contradiction 'in opposition to all human reason'? Yet it is to the feasibility of doing just that that Kierkegaard seems to be committed when he roundly rejects the idea that Christian belief has anything to do with probability, in whatever degree, and declares instead that the object of faith is 'the absurd' (CUP 189).

To meet the implied objection it may be suggested that he could have invoked the notion of an enabling condition afforded by grace which figured so prominently in the *Fragments*; an inner transformation of the kind postulated would make it possible for an individual to accept what from the circumscribed vantage-point of human rationality appears incredible. If, however, Kierkegaard's references to 'the absurd' are supposed to identify something held to be literally inconsistent or self-contradictory, it is unclear that such a proposal addresses what is really at issue in the present context. For that concerns the very intelligibility of the claim that one can believe what one at the same time recognizes to be necessarily or demonstrably false. Consequently some commentators have inferred that he cannot have actually intended to propound so idiosyncratic a thesis, opting instead for less extreme versions of his position. It has been maintained, for instance, that his conception of absurdity need not after all be construed as implying more than the absence of rational support; to say that, in response to the promise of eternal salvation held out by Christianity, we must make an all-out commitment to a mystery that transcends the categories of reason is not to say that we are required to believe what we clearly perceive to be contrary to it. Alternatively, it has been argued that for Kierkegaard the paradox of the incarnation essentially consisted in its being an offence to our sentiments rather than to our understanding: God is felt to have appeared in a shockingly inappropriate form and to have suffered humiliations and indignities unworthy of his divine nature. There are certainly passages in various of Kierkegaard's works, and particularly in *Training in Christianity*, which are consonant with the latter approach. Even so much that he wrote in the *Postscript* indicates that this was by no means all that he had in mind. He may have portrayed the incarnation as emotionally or morally outrageous in the sense of dumbfounding standard expectations or upsetting commonly accepted valuations; but the conclusion that he wanted to stress its offensiveness to the intellect as well seems irresistible in the light of his frequent asseverations to that effect. It was surely not for nothing that, when speaking of the 'martyrdom' of faith, he referred to it as a 'crucifixion of the understanding'.

Chapter 6
Freedom and the self

Whatever room there may be for disagreement as to the precise sense or senses in which Kierkegaard held Christianity to be paradoxical, one thing at least seems beyond dispute: he never diverged from the claim that its ultimate significance could only be grasped through personal appropriation and inner commitment. Thus, in seeking to disentangle the notion of faith from the assorted misconceptions that in his view had served to obscure its essential character, he may be said to have returned once more to a category which, in a variety of connections, we have found to constitute the touchstone of his thinking – the category of the particular human subject, the 'existing individual'. He went out of his way to praise Socrates for being (albeit in a pagan context) the first to have introduced that crucial conception 'with decisive dialectical force'; and he himself took pride in having set out to reaffirm and highlight its importance in a contemporary climate where he felt that people in general were either devoid of all insight into what it meant or else at pains to shut their eyes to its actual implications. Yet questions certainly remain as to how he supposed that this category should be understood in a specifically Christian perspective. Who is the 'I', lonely and responsible, that stands at the centre of the Kierkegaardian universe? What are its needs and how can they be satisfied? A brief consideration of themes developed in two of his writings – *The Concept of Anxiety* and *The Sickness unto Death* – may help to illustrate some of the issues raised.

Although the above books are often referred to as Kierkegaard's 'psychological works', a modern reader who approaches them in the expectation that they will conform to more familiar enquiries of this nature is liable to be disconcerted. Not only do they contain frequent allusions to such ideas as innocence, sin, and redemption; they are also written in a philosophically orientated style that is often dense and difficult to penetrate. Abstractions abound and Kierkegaard does not always trouble to explain the abstruse terminology he has chosen to employ. In consequence, there are passages which produce a bafflement comparable to that induced by the more opaque sections of Hegel's *Phenomenology of Mind*. Yet this, one may surmise, is not wholly accidental. Despite his well-advertised hostility to the German thinker's conclusions, Kierkegaard was not averse to drawing upon concepts and distinctions which the latter had favoured, even if it meant putting them to very different purposes. Moreover, Hegel had deployed some of these to characterize a situation with which he himself was centrally concerned, and I follow other commentators in thinking that his own treatment of it should initially be considered against the Hegelian background.

The situation in question was one that Hegel associated with religion and which he attributed to 'the unhappy consciousness'. As we saw in chapter 2, this expression was introduced to designate a certain stage in the course of man's historical development. At such a stage he was aware of himself as a divided being, 'dual-natured' and 'inwardly disrupted'. On the one hand, he was conscious of himself as a finite particular, located in the world of experience and subject to the vicissitudes of temporal change; on the other, he was haunted by the thought of possessing an 'unchangeable' or ideal essence that subsisted independently of the contingencies which beset his empirical reality. These two aspects of his nature he was unable to bring together with the result that he identified himself with the first, apprehending the second under the form of a transcendent 'other' or 'alien Being' to which he stood opposed and with which he sought to be reconciled.

Such a conception of his condition was, however, a deceptive one; its true import would become apparent when the human mind ultimately overcame its self-estrangement in immature modes of life and consciousness and when it was in a position to recognize both itself and the world it inhabited as manifestations of an infinite or absolute rational essence whose potentialities could only be realized in and through the medium of the finite.

There is no need to rehearse Kierkegaard's objections to the idealist metaphysic in terms of which this diagnosis of the sources and underlying content of religious ideas was propounded, his own approach being presented within a framework that presupposed rather than purported to supersede the dualistic outlook of traditional theism. At the same time, though, and not perhaps surprisingly, polarities of the kind that had informed Hegel's discussion of the particular standpoint of the unhappy consciousness tended to dominate the account he himself gave of the status and aspirations of the individual in a religious context. Not only was the antithesis between the finite and the eternal, the human and the divine, treated by him as ontologically fundamental; in the final analysis it also governed the picture he drew of human nature and its basic orientation.

Following what we found to be the general tenor of the *Postscript*, with its emphasis upon the lived perspective of agency and choice, Kierkegaard's psychological writings portray the structure of the human personality in dynamic and volitional terms. From one point of view a human being may be described as 'a synthesis of the psychical and the physical', an intimate conjunction of mental and bodily characteristics; so conceived, he can be said to belong together with the rest of the world as a type of entity distinguished by the possession of certain determinate attributes. But to regard an individual solely in that light is to lose sight of the fact that he is able to transcend his natural traits and circumstances and that he must also be understood as 'spirit' – a crucial dimension which Kierkegaard connects with the notion of acquiring a 'self' and which underlies his notoriously cryptic definition of the latter concept as 'a relation that relates itself to its own self' (SD 13). Although much time and labour has since been spent in trying to decide what exactly he meant by that curious form of words, I shall confine myself here simply to giving what I take to be part of the upshot of the tortuous discussion in which it is embedded. To be a person is to exist in the mode, not of being, but of becoming, and what a person becomes is his own responsibility, the product of his will, even if (as is frequently the case) this is something he does not want to confront and seeks to conceal from himself. Moreover, every individual can be held to be aware – whether actually or potentially – of a tension between his current conception of his condition and the presence of alternatives that are in some sense available to him; as it is put at one point, there is not a living being who 'does not secretly harbour an unrest, an inner strife, a disharmony, . . . an anxiety about some possibility in existence or an anxiety about himself' (SD 22). Such disturbing intimations and attitudes, however, should not be thought of as restricted to particular phases of history and as destined to disappear when the human mind eventually finds itself (in Hegel's reassuring phrase) 'at home' in the world. On the contrary, Kierkegaard considers them to be revelatory of our intrinsic character as persons and to feature, in one form or another, in the life-story of every individual. In this way they are constant and pervasive, endemic to the human condition. But, if so, what according to him is the true significance of the kind of unease or disquiet to which he refers?

Kierkegaard's conception of anxiety or dread (*Angst*) is famous, partly through its undeniable influence upon 20th-century philosophers like Sartre and Heidegger, and partly too because it has been felt to throw into striking relief certain apparently 'objectless' states of mind that are recognizable at the level of ordinary experience. The account he gives of it is, moreover, a complex and far-reaching one, covering a wide range of phenomena that includes both childhood preoccupations with the mysterious or uncanny and later premonitions connected with the

14. The 'dizziness of freedom'; a bungee jumper attracted and repelled by the 'possibility of being able'.

awakening of the sexual impulse. The variety of aspects under which the notion is discussed may, indeed, help to explain the impression his analysis has made on thinkers of very different ideological persuasions, many of whom have been far from sharing the particular standpoint from which it was undertaken.

One of these aspects, implicit in the passage quoted above, has to do with the awareness of freedom. Kierkegaard makes it clear, early in his book on the subject, that anxiety in the sense that interests him should not be confused with emotions like fear, which have a definite object and are typically directed to things or occurrences in the outside world; by contrast, it is said to be related to 'something that is nothing' and to represent 'freedom's actuality as the possibility of possibility' (CA 42–3). In an explicit reference to Kierkegaard's distinction, Sartre maintained that anxiety so construed is essentially 'anxiety (*angoisse*) before myself': I am not, as in the case of fear, concerned with what will happen to me as the passive victim of circumstances; rather, the condition in question derives from my consciousness of myself as an active subject who can envisage and respond to possibilities and where there is nothing that objectively compels me to opt for one response as opposed to another – here I am the sole arbiter and what I do is entirely up to me. Sartre invokes the example of vertigo, where a person is said to be not so much afraid of falling over a precipice as affected by the thought that he can if he chooses 'throw himself over'; and this is reminiscent – no doubt designedly – of an image that Kierkegaard himself employs when he compares anxiety with the feeling aroused by looking down into a yawning abyss. Thus it is characterized by him in one place as the 'dizziness of freedom', something that occurs when 'freedom looks down into its own possibility, laying hold of finiteness to support itself' (CA 61). Again, Kierkegaard refers to it elsewhere as 'a *sympathetic antipathy* and an *antipathetic sympathy*'; the subject is pictured as standing ambivalently poised, at once attracted and repelled by the disturbing 'possibility of *being able*' (CA 42 ff.).

The air of urgency and tension that infects such descriptions anticipates the heightened tone of a good deal of later existentialist writing on this theme, a tone which has often provoked the criticism that it reflects a recurrent tendency to inflate or over-dramatize the significance of large tracts of everyday thought and behaviour. But whatever the conceivable force of such criticism in other connections, Kierkegaard would certainly have rejected its relevance to his own position. Sartre's portrayal of anxiety in the face of freedom may succeed in capturing part of what he had in mind; nevetheless, he himself was primarily concerned with what he held to be its religious import. And so approached, it involved considerations which were of a different order from those adduced by his more secularly minded successors and which he believed to be of the greatest moment for our development and eventual fate as human beings.

Anxiety in fact first appears in his account in the context of a discussion of original sin. In the biblical story of the fall Adam is presented as being ignorant initially of the difference between good and evil and of all that it entails; even so, the prohibition that he should not eat the fruit of the tree of knowledge 'awakens in him the possibility of freedom'. Kierkegaard treats the story as illustrating in mythic form the manner in which the transition from a state of 'unselfconscious immediacy' to one of self-awareness and self-determination arises in the experience of every individual. Innocence is a state in which 'the spirit in man is dreaming': although he has as yet no knowledge of what he might spiritually do or become, he is none the less troubled by an indeterminate presentiment of his potentialities as a free being with the capacity to shape himself and his future – 'this is the profound secret of innocence, that it is at the same time anxiety' (CA 41). But what are the potentialities in question and how does the individual become apprised of their character? As Kierkegaard presents the situation, it appears that he can initially only do so through the experience of sin. Thus the primordial anxiety of which he speaks is said to be the precondition or 'presupposition' of sin, without thereby constituting its necessitating cause; the latter is not susceptible to any kind of deterministic or scientific explanation, everyone becoming guilty 'only through himself'. It would be incorrect, on the other hand, to suppose that the possibility of sin is all that such anxiety portends. For it also obscurely prefigures a recognition of the fact that the resources of a person's finite disposition are capable of being directed along quite different paths and that the realization of his true identity as an individual self lies in his relating, not to temporal or earthly preoccupations which deflect him from his proper goal, but to the eternal, the divine. Rightly understood, human existence takes the form of a 'constant striving', seeking a fulfilment that lies beyond the temporal sphere and which is only attainable by our freely committing ourselves to a power that transcends objective knowledge and rational comprehension; in so 'willing to be itself, the self rests transparently in the power that established it' (SD 49, 131). But this, Kierkegaard asserts, is 'the formula for faith'. Hence it is possible for anxiety to issue in a 'qualitative leap' that takes us, not into sin and alienation from God, but into its antithesis: faith, not virtue, is the 'opposite of sin' (SD 82). In other words, we are returned once more to what Kierkegaard here calls 'Christianity's crucial criterion' – the acceptance of an objective uncertainty that is inaccessible to reason but through which, with divine help, salvation is alone to be found.

The above represents the barest skeleton of an intricate discussion that is chiefly distinguished by its emphasis upon the diversity of ways in which people may fail to realize themselves in the required sense. A Hegelian critic would doubtless have questioned the validity of the notion of self-realization involved, given the limitations it apparently imposes upon a person's fulfilment of needs and interests that are his as a member of the world; moreover, its positive content – perhaps inevitably in the context – remains elusive and finally mysterious. Nevertheless, Kierkegaard is often praised for his insight into various types of spiritual disequilibrium and malaise, and both of the so-called psychological works are in fact studded with concrete examples that frequently display a sharp percipience. This is especially evident when he

Sören Kierkegaard in later years
Woodcut by H. P. Hansen

15. Portrait of Kierkegaard wearing a hat.

is dealing with the tranquillizing or diversionary expedients by which people attempt to hide from themselves the nature of the despair that haunts them. In his treatment of such cases, which recalls diagnoses of the sort offered earlier in books like *Either/Or*, he exploits to the full his exceptional talent for identifying the illusions or defences that obstruct self-knowledge and self-understanding; he is also at pains to distinguish these from instances where, through pride or defiance, a person may consciously reject the possibilities of change and salvation open to him – here 'there is no obscurity that could serve as a mitigating excuse' (SD 42). As so often, the compelling quality and force of many of the observations made seem to bear the imprint of conflicts and crises encountered in his own private experience and recorded in his journals. All the same, difficulties arise in assessing everything he says on this score. To some extent they stem from the tendency, characteristic of much of his work, to handle key concepts with a flexibility that leaves the boundaries of their application shifting or unclear. Thus the notion of despair, central to *The Sickness unto Death*, appears on occasions to be employed in a relatively restricted manner continuous with its ordinary usage; more typically, though, it seems to cover – albeit with significant variations – almost any condition that excludes the presence of faith. No doubt that is in turn connected with the fact that his psychology was elaborated inside a framework whose parameters were ultimately set by the religious point of view from which he was writing. It is assumed, rather than argued, that human nature is so structured that an individual can only free himself from despair and fulfil his fundamental aspirations as a person by embracing the Christian message. This means, however, that in interpreting Kierkegaard's claims the line between what counts as genuinely empirical analysis and what looks more like *a priori* stipulation is not always easy to draw.

Chapter 7
Conclusion

In much of this book I have been concerned to stress the challenge Kierkegaard's thought offered to various intellectual tendencies of his age, particularly those that aimed to reduce the doctrinal content of Christianity to terms that rendered it transparent to human reason. But it would, of course, be wrong to suggest that such a challenge constituted the whole of his religious purpose. As we saw earlier, he was at least equally intent upon resisting what he believed to be a widespread disposition, encouraged by representatives of the Danish Church, to emasculate the Christian message by refusing to confront its import at the level of practical life and motivation. It was not sufficient to participate in established rituals, nor again was it enough admiringly to repeat Christ's words; it was necessary to abide by that he said, to follow him. In his explicitly Christian writings and discourses, which were for the most part published under his own name and which accompanied the more theoretical pseudonymous ones, Kierkegaard set out to accentuate the severity of Christianity's call upon the individual. The covert worldliness and hypocrisy that characterized 'Christendom' must be ruthlessly exposed; and works like *Purity of Heart* and *Training in Christianity* were expressly designed to make manifest what it really meant to 'die to the world' and to set aside all 'relative ends' in an undivided dedication to God's will. Here no compromise was admissible, and every effort to dilute or water down the nature of the temporal sacrifices demanded amounted to evasion and 'double-mindedness'. It is true that his own interpretation of the Christian ideal has led some critics to accuse him of playing down its compassionate and communal aspects and of laying a too exclusive emphasis on personal salvation; although such objections are partly belied by books like *Works of Love*, where love of one's fellow humans is stated to be 'the only blessed consolation' and something without which one is not 'really living', it remains undeniable that the prevailing tone is often narrowly austere and even harsh. At the same time, however, it is worth remembering that much of what he wrote in this connection was, as one commentator, Louis Mackey, has put it, 'informed by the rhetoric of awakening'; he wanted 'to stun men into a salutary awareness of the absolute claim of Christianity and to remind them of their own defection from this claim'. And if the minatory and increasingly sombre note struck by some of his 'reminders', with their insistence upon the ubiquity of guilt and the necessity of suffering, has disconcerted a number of his readers, this would certainly not have surprised him. He can hardly be said to have underestimated the capacity of Christianity – at least as he understood it – to occasion offence. So understood, moreover, it was always open to the individual to reject it if he chose.

For Kierkegaard never explicitly departed from the contention that commitment to a Christian way of life, like commitment to other modes of existence, was in the last analysis a matter of individual decision, something that each person must freely undertake for himself without the possibility of objective justification. Admittedly, his position on this point suffers on occasions from apparent ambiguity. In his theoretical work it is not invariably clear whether he conceives himself to be simply exhibiting what is involved in a given approach or outlook, underlining its implications for those who adopt it, or whether he at times takes himself to be expressing privileged insights which transcend particular standpoints and can legitimately lay claim to some kind of independent validity: such tensions have been noticed in the course of discussing his views about truth and they are also discernible elsewhere. Nevertheless, there can be little question that the notion of radical or ultimate choice remained central to his picture of the human situation, and it is one that has proved influential in the spheres both of ethical theory and of religious thought. At the secular level it has played a contributory role in engendering the conviction, common to a wide range of existentialist writers, that moral judgement can never finally be more than an exercise of personal decision; in their view at least, it is an illusion to imagine that there is a discoverable realm of objective values subsisting independently of ourselves, while to appeal instead for support to institutionalized or socially accepted codes of conduct is to be in danger of falling victim to 'bad faith', inauthenticity. And so far as religion is concerned, it has had a direct and significant impact, in particular being seen by certain Lutheran theologians as lending fresh force and impetus to the tradition to which they belong. Thus an emphatic repudiation of reason in favour of non-rational commitment and surrender to divine grace is fundamental to positions expounded in our own period through the voluminous works of men like Emil Brunner and Karl Barth. Reason, according to Brunner, 'is not given us to know God, but to know the world'; and while neither he nor Barth has wished in any way to qualify the transcendent claims of Christianity, they have been at one in denouncing the 'misplaced intellectualism' of trying to apply to them standards appropriate to natural knowledge and rational enquiry. In this, as in many of their other contentions, the Kierkegaardian echoes are clear.

The depth and importance of Kierkegaard's influence within the religious domain must certainly be granted; at the same time, its extent ought not to be exaggerated. If there have been some Christian thinkers who have welcomed his ideas as affording a barrier against the presumptions and incursions of rationalism, there are also those who have protested that they do so at the cost of giving no grounds for preferring Christianity to any other religion or system of belief and even of robbing it of all serious pretensions to credibility. Obviously a good deal depends here on how the ideas in question are taken. It is one thing to regard acceptance of the Christian faith as commitment to a self-contained sphere or 'form of life', not itself finally justifiable by external criteria or modes of assessment; it is another to treat its content as being in some sense essentially paradoxical, avowedly 'absurd' or contradictory. In so far as Kierkegaard subscribed to the second, and not merely to the first, of these positions, his standpoint has been felt – not unnaturally – to present special problems.

Such considerations, however, raise issues with philosophical and theological ramifications that extend far beyond the scope of the present study. Nor should they be allowed to obscure from view those other features of Kierkegaard's work which have attracted later generations and which can only be fully appreciated by reading his own writings: the singular intensity of his vision of human existence, the literary originality and imagination he showed in exploring its various possibilities, and the vivid sense he conveyed of what the struggle to achieve and preserve religious faith can mean to one who was himself acutely conscious of its difficulties. It was perhaps these qualities in particular that appealed to Ludwig Wittgenstein, who expressed a profound respect for him and whose fragmentary but suggestive remarks on the distinctive and autonomous character of religious belief often call him to mind. On one occasion Wittgenstein observed:

> An honest religious thinker is like a tightrope walker. He almost looks as though he were walking on nothing but air. His support is the slenderest imaginable. And yet it really is possible to walk on it.

I do not know whether he was thinking specifically of Kierkegaard when he wrote these words, although it seems very likely. In any case, they may stand.

References

Chapter 2

The quotation from Hegel on p. 30 is taken from the first part of his *Encyclopaedia of the Philosophical Sciences*, tr. W. Wallace as *The Logic of Hegel* (Oxford, 1968), 335.

Chapter 4

'. . . about which we feel most assured' (p. 64–5): for a trenchant critique along these lines, see Brand Blanshard, *Reason and Belief* (London, 1974), 234–40.

Chapter 5

The quotations from Lessing on p. 72 are taken from *Lessing's Theological Writings*, ed. and tr. Henry Chadwick (Stanford, 1956), 54–5, 83.

'. . . belief implicit in the *Fragments*' (p. 81): for illuminating discussions of these connections, see Richard Popkin, 'Hume and Kierkegaard', in the *Journal of Religion*, vol. 31 (1951), 274–81, and Terence Penelhum, *God and Scepticism* (Dordrecht, 1983), chs. 4–6. For an account of Hume's relation to Hamann, see also Isaiah Berlin, 'Hume and the Sources of German Anti-Rationalism', in his *Against the Current: Essays in the History of Ideas* (London, 1979). The quotation from Hume on p. 82 is taken from *Hume's Enquiries* (Oxford, 1936), 131.

'. . . distorted the meaning of Christianity' (p. 89): in his *Essence of Christianity* (1841), which Kierkegaard had read, Feuerbach did not deny that Hegel's interpretation apparently conflicted with some of the cardinal tenets of Christian orthodoxy. Unlike Kierkegaard, though, and in line with the master's own official doctrine, he maintained that this was due to Hegel's having replaced an 'inconsequent' and 'undeveloped' mode of thinking by one that came closer to identifying its true significance.

'. . . traditional forms of validation or support' (p. 104): see Paul Edwards, 'Kierkegaard and the "Truth" of Christianity', in *Philosophy*, vol. 46 (1971), 97–100.

Chapter 7

The quotation from Wittgenstein on p. 121 is taken from *Culture and Value*, tr. Peter Winch (Oxford, 1980), 73.

Further reading

Writings by Kierkegaard

The Danish edition of Kierkegaard's collected works [*Samlede Vaerker*] is edited by A. B. Drachman, J. L. Heiberg, and H. O. Lange (20 vols., Copenhagen, Gyldendal, 1963–4). A scholarly English edition of Kierkegaard's writings, under the general editorship of H. V. Hong, has been published by Princeton University Press (26 vols., 1978–2000). A very useful, single-volume selection from the Princeton edition is *The Essential Kierkegaard*, edited by H. V. and E. H. Hong (2000).

The following is a selection of translated works additional to those referred to in the note on abbreviations:

The Concept of Irony, tr. H. V. and E. H. Hong (Princeton University Press, 1989).
Purity of Heart is to Will One Thing, tr. D. V. Steere (Harper Torchback, 1958).
Training in Christianity, tr. W. Lowrie (Oxford University Press, 1941).
Works of Love, tr. H. V. and E. H. Hong (Harper Torchback, 1962).
Attack upon 'Christendom', tr. W. Lowrie (Princeton University Press, 1944).
The Last Years: Journals 1853–55, tr. R. G. Smith (Harper and Row, 1965).

Writing about Kierkegaard

The best-known biography is W. Lowrie's full and detailed *Kierkegaard* (Oxford University Press, 1938). Josiah Thompson's more astringent and critically penetrating biographical study, *Kierkegaard* (Gollancz, 1974), is excellent and may also be recommended.

The number of available commentaries on various aspects of Kierkegaard's work is vast; there is space to mention only a few. For a good general account, balanced and informative, the reader should consult James Collins's *The Mind of Kierkegaard* (Princeton University Press, 1953; paperback edition, 1983). *Kierkegaard's Authorship* by G. B. and G. E. Arbaugh (Augustana College Library, 1967) includes useful summaries and discussions of all the main published writings, while Louis Mackey's *Kierkegaard: A Kind of Poet* (University of Pennsylvania Press, 1971) provides a perceptive appraisal of its subject from a largely literary point of view. A comprehensive and philosophically orientated analysis of the structure of Kierkegaard's thought is to be found in Alastair Hannay's *Kierkegaard* (Routledge and Kegan Paul, 1982). The historical connections between Hegel and Kierkegaard are explored in scrupulous detail by NielsThulstrup in *Kierkegaard's Relation in Hegel*, tr. G. L. Strengren (Princeton University Press, 1980). Books of more general scope but containing interesting and substantial discussions of Kierkegaard's ideas include the following: *God and Scepticism*, by Terence Penelhum (Reidel Publishing Company, 1983); *Lessing's 'Ugly Ditch': A Study of Theology and History*, by Gordon E. Michalson (Pennsylvania State University Press, 1985); *Reason and Belief*, by Brand Blanshard (Allen and Unwin, 1974); *Existentialism*, by John Macquarrie (Pelican, 1973); and *After Virtue*, by Alasdair MacIntyre (Duckworth, 1981).

Since this book appeared, two useful collections of articles on Kierkegaard have been published: *The Cambridge Companion to Kierkegaard*, edited by A. Hannay and G. Marino (Cambridge University Press, 1998), and *Kierkegaard: A Critical Reader*, edited by J. Reé and

J. Chamberlain. A valuable study of Kierkegaard's moral philosophy is Anthony Rudd, *Kierkegaard and the Limits of the Ethical* (Clarendon Press, 1997). Two interesting discussions of Kierkegaard's philosophical theology are David R. Law, *Kierkegaard as Negative Theologian* (Clarendon Press, 1993) and M. Jamie Ferreira, *Transforming Vision: Imagination and Will in Kierkegaardian Faith* (Clarendon Press, 1991). Kierkegaard's relation to currents of contemporary European philosophy is discussed in Michael Weston, *Kierkegaard and Modern Continental Philosophy* (Routledge, 1994). C. Stephen Evans, *Passionate Reason: Making Sense of Kierkegaard's* Philosophical Fragments (Indiana University Press, 1992) is a rewarding examination, not only of *Philosophical Fragments*, but of Kierkegaard's wider thought. A difficult, but rewarding, reading of several of Kierkegaard's works as 'subversive' texts is included in Stephen Mulhall, *Inheritance and Originality: Wittgenstein, Heidegger, Kierkegaard* (Clarendon Press, 2001).

“牛津通识读本”已出书目

古典哲学的趣味
人生的意义
文学理论入门
大众经济学
历史之源
设计，无处不在
生活中的心理学
政治的历史与边界
哲学的思与惑
资本主义
美国总统制
海德格尔
我们时代的伦理学
卡夫卡是谁
考古学的过去与未来
天文学简史
社会学的意识
康德
尼采
亚里士多德的世界
西方艺术新论
全球化面面观
简明逻辑学
法哲学：价值与事实
政治哲学与幸福根基
选择理论
后殖民主义与世界格局
福柯
缤纷的语言学
达达和超现实主义
佛学概论
维特根斯坦与哲学
科学哲学
印度哲学祛魅
克尔凯郭尔
科学革命
广告
数学
叔本华
笛卡尔
基督教神学
犹太人与犹太教
现代日本
罗兰·巴特
马基雅维里
全球经济史
进化
性存在
量子理论
牛顿新传
国际移民
哈贝马斯
医学伦理
黑格尔
地球
记忆
法律
中国文学
托克维尔
休谟
分子
法国大革命
民族主义
科幻作品
罗素
美国政党与选举
美国最高法院
纪录片
大萧条与罗斯福新政
领导力
无神论
罗马共和国
美国国会
民主
英格兰文学
现代主义
网络
自闭症
德里达
浪漫主义
批判理论

德国文学
戏剧
腐败
医事法
癌症
植物
法语文学
微观经济学
湖泊
拜占庭
司法心理学
发展
农业
特洛伊战争
巴比伦尼亚
河流
战争与技术
品牌学
数学简史
物理学
行为经济学
计算机科学
儒家思想
未来
基因
恒星
儿童心理学
时装
现代拉丁美洲文学
卢梭
隐私
电影音乐
抑郁症
传染病
希腊化时代
知识
环境伦理学
美国革命
元素周期表
人口学
社会心理学
动物
项目管理
美学
管理学
卫星
国际法
计算机
亚当·斯密
代数
天体生物学
电影
俄罗斯文学
古典文学
大数据
洛克
幸福
免疫系统
银行学
景观设计学
神圣罗马帝国
大流行病
亚历山大大帝
气候
第二次世界大战
中世纪
工业革命
传记
公共管理
社会语言学
物质
学习
化学
天体物理学
意大利文学
海洋生物学